はじめての
英文会計

英文財務諸表の作成

深堀 雅展 [著]
FUKAHORI MASANOBU

ブックウェイ

はじめに

　本書は、英文財務諸表を初めて学ぼうとする方々に、基本的な会計の仕組みを学んでいただくために平易に分かりやすく解説することを目的としている。本書を学ぶ方の中には、まだ簿記も知らない方々も多くいることであろう。あるいは簿記の知識があり、実務で使用されている方も数多くいるかもしれない。しかしながら、英文会計や英文財務諸表に触れられた方はそう多くはないかもしれない。この点について、本書ははじめて英文会計、英文財務諸表に触れる方を対象に分かり易く記載しているが、英文会計の知識がある方にもぜひフィードバックの際に利用していただければ幸いである。

　英文会計の知識は、グローバル化が進む21世紀において様々なチャンスを生み出すと考えられる。その理由は、国際的なM&A（企業の合併や買収）が増加するに伴い、会社の経営陣にも外国人が増え、経営会議の基本言語が英語になっていく可能性が高いからである。今現在でも、上場企業では日常言語が英語になっている企業も多数存在する。
　一般的に、経営会議や取締役会等、メンバーに会計知識があることを前提として、会社の方向性や新しいビジネスに対する投資、今の業績などについての報告など議論がされるが、基本言語が英語になった場合、それに伴い、会計用語も英語を使用しなければならず、業績報告や提案ができないといった事態に陥ってしまう。また、管理職にある方やこれから管理職を目指す方にとっても、英文財務諸表を読む知識を持っていると、より高い報酬や、よりやりがいのある仕事に就くことができる可能性がある。従って、今すぐ英文会計を学ぶことは有意義なことであると考えられる。

　財務諸表は、企業の財政状態、経営成績を表す重要な指標であり、基本的には世界的な普遍性を有しているため、経済及び経営のグローバル

化の時代にあってはより一層その重要性が増しているといっても過言ではない。しかしながら、財務諸表を利用する内外の方にとってその利用上の制約となっているのが、財務諸表の作成基準、会計基準の非統一性である。そのため、国際会計基準審議会（International Accounting Standards Board：IASB）により、国際財務報告基準（International Financial Reporting Standards：IFRS）が設定され、EU 諸国では、2005 年 1 月 1 日以降、すべての公開企業に IFRS の適用が義務付けられるに至った。更にその後、多くの主要国で国外の企業が IFRS に準拠して財務諸表を開示することを認めるようになっていった。

そのような状況下で、米国財務会計基準審議会（The Financial Accounting Standards Board：FASB）と IASB は、米国基準と IFRS とのコンバージェンスを目指すプロジェクトを展開した。今後、IFRS が国際的に運用する単一の会計基準となる可能性が高い。

本書は、米国基準の財務諸表の作成方法とその読解の仕方を、日本基準との比較を行いながら、実務的に、かつ平易に解説することを目的としている。前述のように、IFRS がいずれ世界的に共通の会計基準となることを想定して、一部 IFRS に関する記述も掲載している。

本書の構成は、まず第 1 章で、英文財務諸表の特徴や会計処理及び開示の概要を、我が国の財務諸表と比較して、総括的に「財務会計の意義及び基準」という項目で解説した。

第 2 章から第 5 章までは、個別勘定科目の会計処理について平易に具体例を取り入れて解説している。第 2 章では、資産について取り上げ、第 3 章では、負債、第 4 章では株主資本、そして第 5 章では損益を取り扱っている。また、第 6 章は税効果会計、第 7 章はキャッシュ・フロー計算書、第 8 章では合併及び連結会計、第 9 章ではその他の会計処理について解説している。

第 10 章では、英文財務諸表本体を作成する方法を記載した。我が国

の有価証券報告書用の財務諸表を米国様式に組み替える過程を、具体例により、米国様式の貸借対照表と損益計算書で一般的に用いられる科目の内容を説明しながら解説をしている。更に、米国基準に準拠した英文財務諸表を実際に作成するために、日本基準ベースの財務諸表を米国基準に修正する際に必要な一般的な修正項目を取り上げ、修正仕訳の作成方法を示し、修正後財務諸表及び米国基準による財務諸表の換算についても解説を実施している。

　最後に、本書が読者の方々にとって広く活躍され、学習においても、そして実務においても役立つことを願う。そして、読者の1人でも多くが将来国際的に広く活躍できることを切に願う。

2015年11月

深堀　雅展

目　　次

はじめに……………………………………………………………… 1

第1章　財務会計の意義及び基準………………………………… 7

　1. 会計（Accounting）とは…………………………………… 7

　2. 財務会計について …………………………………………… 8

　3. 4つの主な財務諸表（Financial Statements） ………… 13

　4. 英文財務諸表の3つのタイプ …………………………… 18

　5. 米国財務諸表の特徴 ……………………………………… 19

第2章　資産………………………………………………………… 25

　1. 流動資産とは ……………………………………………… 25

　2. 固定資産と無形資産（Fixed Assets and Intangible Assets） … 50

　3. 投資（Investment）……………………………………… 72

　4. その他の投資 ……………………………………………… 83

　コーヒーブレーク① ………………………………………… 85

第3章　負債………………………………………………………… 87

　1. 流動負債とは ……………………………………………… 87

　2. 固定負債とは ……………………………………………… 91

　コーヒーブレーク② …………………………………………115

第4章　株主資本…………………………………………………117

第5章　損益………………………………………………………125

　1. 収益の認識 …………………………………………………125

　2. 工事契約 ……………………………………………………126

　3. 割賦販売基準 ………………………………………………129

4．非経常損益項目 …………………………………………… 131
　　コーヒーブレーク③ ……………………………………… 133

第6章　税効果会計……………………………………………… 137
　　1．税効果会計とは ………………………………………… 137
　　2．一時差異（Temporary Differences）と
　　　　　　永久差異（Permanent Differences） ……………… 139
　　3．繰延税金資産（Deferred Tax Assets）と
　　　　　　繰延税金負債（Deferred Tax Liabilities） ………… 142
　　4．税率の変動 ……………………………………………… 145
　　5．財務諸表上の表示 ……………………………………… 147
　　コーヒーブレーク④ ……………………………………… 148

第7章　キャッシュ・フロー計算書…………………………… 149
　　1．キャッシュ・フロー計算書の意義 ………………… 149
　　2．キャッシュ・フロー計算書の活動区分 …………… 151
　　3．直接法及び間接法 ……………………………………… 153

第8章　合併及び連結会計……………………………………… 161
　　1．合併 ……………………………………………………… 161
　　2．連結会計 ………………………………………………… 164

第9章　その他の会計処理……………………………………… 181
　　1．一株当たり利益（Earnings per share, EPS） …………… 181
　　2．ストック・オプション（Stock Option） ……………… 185
　　3．資産除去債務（Asset Retirement Obligation） ………… 186
　　4．デリバティブとヘッジの会計処理 ………………… 188
　　5．外貨換算 ………………………………………………… 191
　　6．パートナーシップ会計（Partnership Accounting） …… 197
　　7．IFRS（International Financial Reporting Standards） ………204

第10章　英文財務諸表の作成実務 ………………………………… 207
　1．英文貸借対照表の特徴 ……………………………………… 207
　2．英文損益計算書の特徴 ……………………………………… 218
　3．英文財務諸表の作成 ………………………………………… 224

参考文献 …………………………………………………………… 252

第1章
財務会計の意義及び基準

1. 会計（Accounting）とは

　これから会計を勉強していく中で、根本的な概念である、会計（Accounting）の意義については以下のとおりである。

　会計とは、個人又は法人を問わず、委託・受託関係において、受託者がその委託者に、委託された活動の状況について説明ないし解釈する行為（Accountability）のことである。

　会計の本来の意味は、説明するという行為である。その説明手段として財務諸表があるのである。

　会計上の利害関係者は、単なる投資家、債権者等に限らず、従業員、取引先等も含まれる。従業員は会社の状況に敏感になるべきである。これまで会社の決算書には無縁であり読んだことがない従業員の方も、今後は会社の状況を把握する上でしっかりと決算書を読むべきである。なぜならば、当該企業が安全であるか否か、これから伸びていく会社か否かは決算書を見れば把握することが可能だからである。

　次に財務会計の本質について見てみよう。

2. 財務会計について

⑴ 財務報告とは

　財務会計とは、企業外部の投資家や債権者などに企業活動の報告を行うための会計である。他方、管理会計とは、財務会計で得られた数値を基に、意思決定に有用な計算を実施し、企業内部の経営者に対し経営管理に役立てる情報を提供するための会計のことである。

　財務会計は、企業が行う経済活動を、貨幣額によって認識（Recognition）、測定（Measurement）、報告（Reporting）する行為である。経済社会が複雑かつ多様化され、高度化になると、利用者の会計情報に対するニーズもそれに伴い変化しており、会計上もこれらの変化に適用していく必要がある。

① 認識（Recognition）

　認識とは、ある勘定科目を記帳すると決定すること、または財務諸表に計上すると決定することを意味する。

　例えば、製品を顧客に＄1,000で販売した場合、当該行為を売掛金および売上で計上することを財務諸表上で決定することである。

② 測定（Measurement）

　測定とは、認識された勘定科目の金額（Monetary Evaluation）を決定することである。すなわち、評価をすることである。

　測定で問題となるのは、資産である。負債は年金負債等のように見積もりが必要になる場合等を除いて特に大きな問題は生じない。また、資本については、資産と負債の差額として決定されるため、一般的に評価という問題は生じない。

　例えば、売掛金をいくらで計上するかということを決定することである。上記①の認識の例の場合、売掛金は＄1,000であるが、仮に顧客に貸し倒れの懸念がある場合は、当該貸倒引当金を考慮した後の金額で財務諸表に計上することである。

③ 報告 (Reporting)

報告とは、会計情報を利用する外部利用者の意思決定に役立つ会計情報を財務諸表により提供する行為である。

(2) 財務報告の手段

財務報告は主に財務諸表を手段としてなされるのが一般的である。米国の財務諸表は、連結ベースで作成され、親会社と子会社が連結されたグループ全体の財政状態や経営成績を示す連結財務諸表によって、外部利用者である投資家や債権者への報告が実施される。

(3) 財務報告の目的

財務報告の目的は、投資家や債権者などの外部情報利用者の意思決定に有用な情報を提供することである。

(4) 会計基準の体系

米国では、2009 年 9 月 15 日以降に会計年度を迎える財務諸表を対象として、会計基準の体系 (Accounting standards codification TM) が発表され、これまでに発表された会計基準が一体化されることとなった。当該コーディフィケーションは以下のそれまでの会計基準を統一している。

- FASB Statements of Financial Accounting Standards (SFAS)
- Accounting Principles Board (APB) Opinion
- Accounting Research Bulletin (ARB)

コーディフィケーションは、Topic → Subtopic → Section → Subsection → Paragraph → Subparagraph という階層構造となっている。次ページは Accounting standards codification の一覧表である。

第 1 章　財務会計の意義及び基準　9

FASB Accounting Standards Codification

General Principles	
105	Generally Accepted Accounting Principles
Presentation	
205	Presentation of Financial Statements
210	Balance Sheet
215	Statement of Shareholder Equity
220	Comprehensive Income (FAS 130)
225	Income Statement
230	Statement of Cash Flows (FAS 95)
235	Notes to Financial Statements
250	Accounting Changes and Error Corrections (FAS 154)
255	Changing Prices
260	Earnings per Share (FAS 128)
270	Interim Reporting (APB 28)
272	Limited Liability Entities
274	Personal Financial Statements
275	Risks and Uncertainties
280	Segment Reporting (FAS 131)
Financial Statement Accounts	
Assets	
305	Cash and Cash Equivalents
310	Receivables
320	Investments — Debt and Equity Securities (FAS 115)
323	Investments — Equity Method and Joint Ventures (APB 18)
325	Investments — Other
330	Inventory
340	Other Assets and Deferred Costs
350	Intangibles — Goodwill and Other (FAS 142)
360	Property, Plant, and Equipment (FAS 144)
Liabilities	
405	Liabilities

410	Asset Retirement and Environmental Obligations (FAS 143)
420	Exit or Disposal Cost Obligations (FAS 146)
430	Deferred Revenue
440	Commitments
450	Contingencies (FAS 5)
460	Guarantees (FIN 45)
470	Debt
480	Distinguishing Liabilities From Equity (FAS 150)
Equity	
505	Equity
Revenue	
605	Revenue Recognition
606	Revenue From Contracts With Customers
610	Other Income
Expenses	
705	Cost of Sales and Services
710	Compensation — General
712	Compensation — Nonretirement Postemployment Benefits (FAS 112)
715	Compensation — Retirement Benefits (FAS 87; 88; 106; 112; 132(R); 158)
718	Compensation — Stock Compensation (FAS 123(R))
720	Other Expenses
730	Research and Development (FAS 2)
740	Income Taxes (FAS 109/FIN 48)
Broad Transactions	
805	Business Combinations (FAS 141(R))
808	Collaborative Arrangements
810	Consolidation (FIN 46(R)/ARB 51/FAS 160/FAS 167)
815	Derivatives and Hedging (FAS 133)
820	Fair Value Measurement (FAS 157)
825	Financial Instruments (FAS 159)

830	Foreign Currency Matters (FAS 52)
835	Interest
840	Leases (FAS 13)
845	Nonmonetary Transactions (APB 29)
850	Related Party Disclosures
852	Reorganizations
853	Service Concession Arrangements
855	Subsequent Events (FAS 165)
860	Transfers and Servicing (FAS 140/FAS 166)

3. 4つの主な財務諸表 (Financial Statements)

財務諸表には主に下記の4つの項目から構成される。

1 Balance Sheet (貸借対照表、BS)

2 Statement of Income (損益計算書、PL 又は IS)

3 Statement of Cash Flow (キャッシュ・フロー計算書、CF)

4 Statement of Changes in Stockholders' Equity (株主資本等変動計算書、SS)

次に各項目がどのような性格を有しているのか見ていくこととする。

なお、貸借対照表、損益計算書については、「第 10 章 英文財務諸表の作成実務」にて詳細に開示項目について検討している。

(1) Balance Sheet（貸借対照表）

> The Balance Sheet shows the financial position of the Company at a given point in time

　貸借対照表とは、企業のある一定時点における資産、負債、純資産の状態を表す財務諸表である。

　貸借対照表は、企業の株主や債権者、その他利害関係者に財政状態に関する情報を提供する。

　貸借対照表には、大きく3つのカテゴリーに区分される。それは、Assets（資産）、Liabilities（負債）、そしてEquity（資本）である。

> Assets（資産）＝Liabilities（負債）＋Equity（資本）

　次の図は、貸借対照表のイメージ図である。

（図解）

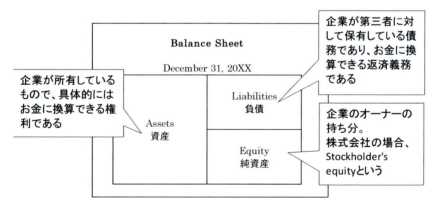

(2) Statement of Income（損益計算書）

> Income statement shows how well or poorly the company performed during the last accounting period

　損益計算書とは、企業のある一定期間における収益及び費用の状態を表す財務諸表である。
　損益計算書は、企業の株主や債権者に対して経営成績に関する情報を提供する。

　次の図は、損益計算書のイメージ図である。

（図解）

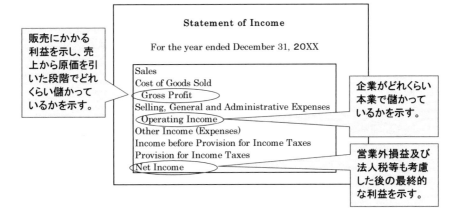

(3) Statement of Cash Flow（キャッシュ・フロー計算書）

> Statement of cash flow provides information about a company's cash receipts and cash payments during the accounting period.

　キャッシュ・フロー計算書とは、会計期間における資金（現金及び現金同等物）の増減、すなわち、収入と支出によるキャッシュ・フローの状況を営業活動（Operating activity）・投資活動（Investing activity）・財務活動（Financing activity）に区分して開示される財務諸表である。
　キャッシュ・フロー計算書の作成の主な目的は、企業の資金状況を把握し、企業の現金創出能力及び支払能力を査定するのに資する情報を提供することにある。

　次の図は、キャッシュ・フロー計算書のイメージ図である。

（図解）

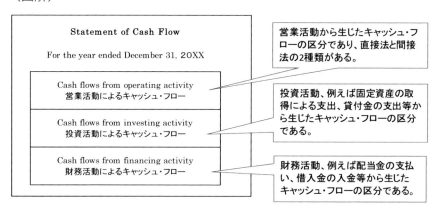

　キャッシュ・フロー計算書については、第7章 キャッシュ・フロー計算書を参照のこと。

⑷ Statement of Changes in Stockholders' Equity（株主資本等変動計算書）

> Statement of Changes in Stockholders' Equity shows the change of equity on the balance sheet.

　株主資本等変動計算書とは、貸借対照表の純資産の変動状況を表す財務諸表である。

　株主資本等変動計算書により、株主の該当年度の純資産の変動状況を把握することが可能となる。

　株主資本等変動計算書のイメージ図は以下のとおりである。

（図解）

Statement of Changes in Stockholders' Equity

For the year ended December 31, XX

	Common Stock	Additional paid-in Capital	Retained Earnings	Total
December 31, X0				
Issue of share capital				
Income for the year				
Dividends				
December 31, X1				

4. 英文財務諸表の3つのタイプ

　英文財務諸表は、文字通り財務諸表を英文化したものであるが、大きく分けて下記の3つのタイプに分けられる。

① 　会計原則、様式・注記とも日本の財務諸表をそのまま英文に直訳
② 　会計原則は日本基準のままで、様式・注記を米国ベースに組替えて翻訳
③ 　会計原則、様式・注記のすべてを米国基準に修正した後、翻訳

① 　のタイプの英文財務諸表は、主に外国人投資家に対して日本人投資家と同様の情報を提供する目的で、会社法ベースや有価証券報告書ベースの財務諸表を英語に直訳する例等に見られる。しかし、単純な翻訳であるため、日本の会計慣行、様式になじみのない海外の投資家に理解してもらうことは難しく、その利用目的・利用価値は制限されている。

② 　のタイプの英文財務諸表は、単なる英訳ではなく、会計原則は日本基準で作成しているが、海外投資家等が理解できる様式へ組み替え、米国式の注記を付したものである。このタイプも注記事項として開示するデータの源泉を基本的に有価証券報告書等で開示しているものに限定する場合と、限定せずに米国式開示事項をすべて開示する場合とに分けられる。
日本の企業が米国以外の資本市場で起債する際に作成される目論見書に含まれる英文財務諸表、あるいは海外の証券取引所、株主、投資家向けに発行される英文アニュアル・レポートに含まれる英文財務諸表は、この形式のものが大半を占めている。

③ 　のタイプの英文財務諸表は、本来の米国基準財務諸表であり、狭義の意味における英文財務諸表である。いわゆるSEC基準に基づく財務諸表という場合は、このタイプの英文財務諸表を意味する。

以下では、この③のタイプの英文財務諸表について、その特徴を概説する。

5. 米国財務諸表の特徴

ここでは英文財務諸表について、米国基準における財務諸表を取り上げている。米国基準に基づく財務諸表を日本基準での財務諸表と比較すると、大きく下記の5点について顕著な相違がみられる。

(1) 財務諸表本体の簡潔さと詳細な注記

財務諸表本体の簡潔さについては、日本と対比した場合、貸借対照表および損益計算書上の表示科目数は、比較にならないほど少ない。損益計算書の場合、売上高、売上原価、売上総利益、販売費及び一般管理費、営業利益、営業外損益、税引前利益、税金、純利益が標準となっており、日本の財務諸表の様式と比較するときわめて簡潔であることが分かる。売上原価、販売費及び一般管理費についは、注記も含めて具体的に詳細な内訳を開示する実務的な慣習はないといっても過言ではない。ＳＥＣに提出する場合等に開示要求がされている場合にのみ対応するだけで十分である。貸借対照表においても、棚卸資産、売上債権、固定資産、仕入債務等の主要な項目にのみ限定しており、科目数は日本の約3分の1以下程度である。

(2) 用語・様式の弾力性

日本の場合、財務諸表等規則等で各科目の名称及び内容が詳細に規定され、さらに財務諸表のひな型が示されているため、弾力性のない画一的な用語・様式とならざるを得ない事情がある。そのため、金額的にまったく重要性がなくても、前払費用や未収収益といった科目が別掲されることになり、全体のバランスが失われている例がよく見受けられる。

米国の場合は、証券取引委員会 (The Securities and Exchange Commission : SEC) のレギュレーション S-X 等の用語・様式に関する

第1章 財務会計の意義及び基準 *19*

規制はあるものの、基本的には実務を尊重し、規制は緩やかである。すなわち、企業は自社の財政状態及び経営成績をもっとも簡潔明瞭に投資家に伝達するのに適した用語・様式を選択しているのである。

(3) 詳細な注記

米国式の財務諸表本体は上記で示したとおり、簡潔であるが、その代わりに、注記はかなり詳細に記載されることになる。注記は財務諸表と不可分の一部としてその内容の理解を助けている点が米国式の財務諸表の大きな特徴の1つとなっている。注記事項及びその内容については会計基準の各号に定められているが、その適用にあたっては、企業及び会計監査人の判断に基づき決定し、必ずしも表示方法は画一的ではない。

(4) 重要性の原則

日本基準においては、財務諸表等規則等に数値基準、例えば100分の1、100分の10、が設けられており、当該基準を機械的に用いている場合が多いが、米国では、重要性の基準はあるものの、企業と会計監査人が自主的に判断するケースが多い。米国にもSECのレギュレーションS-Xにいくつかの項目の数値基準が規定されているが、適用にあたってはかなり企業の判断に依存している。重要性の判断に弾力性があるのである。

(5) 期間比較情報の重視

米国の財務諸表は比較形式を重視している。SEC規則では、貸借対照表は2年比較、損益計算書、株主資本等変動計算書及びキャッシュ・フロー計算書は3年比較を要求している。我が国の場合にも有価証券報告書は2年比較形式であるが、会社法計算書類は単年度形式となっている。

以下の図は、日本基準に基づく貸借対照表、損益計算書、及び米国基準に基づく貸借対照表、損益計算書の一例である。

日本基準

(貸借対照表)

貸 借 対 照 表

(平成＿年＿月＿日 現在)

株式会社　XXX
単位：百万円

資 産 の 部		負 債 の 部	
科 　 目	金 　 額	科 　 目	金 　 額
【 流 動 資 産 】		【 流 動 負 債 】	
現 金 及 び 預 金		支 払 手 形	
売 　 掛 　 金		買 　 掛 　 金	
商 　 　 　 品		短 期 借 入 金	
有 価 証 券		預 　 り 　 金	
未 　 収 　 金		未 　 払 　 金	
立 　 替 　 金		未 払 法 人 税 等	
【 固 定 資 産 】		【 固 定 負 債 】	
【 有 形 固 定 資 産 】		社 　 　 　 債	
建 物 付 属 設 備		長 期 借 入 金	
工 具 器 具 備 品		純 資 産 の 部	
【 無 形 固 定 資 産 】		科 　 目	金 　 額
ソ フ ト ウ ェ ア		【 株 主 資 本 】	
【 投資その他の資産 】		資 　 本 　 金	
投 資 有 価 証 券		資 本 剰 余 金	
関 係 会 社 株 式		利 益 剰 余 金	
保 険 積 立 金			
【 繰 延 資 産 】			
開 　 業 　 費			
そ の 他 繰 延 資 産			

日本基準

（損益計算書）

損 益 計 算 書

（自 平成＿年＿月＿日 至 平成 月 日）

単位：百万円

科　　目	金　　額	
売　　　　　上　　　　　高		
売　　　　上　　　　原　　　　価		
売　　上　　総　　利　　益		
販　売　費　及　び　一　般　管　理　費		
営　　　業　　　利　　　益		
営　　業　　外　　収　　益		
受　　　　取　　　　利　　　　息		
受　　取　　配　　当　　金		
為　　　　替　　　　差　　　　益		
そ　　　　　の　　　　　他		
営　　業　　外　　費　　用		
支　　　　払　　　　利　　　　息		
た　　な　　卸　　資　　産　　評　　価　　損		
為　　　　替　　　　差　　　　損		
そ　　　　　の　　　　　他		
経　　　営　　　利　　　益		
特　　　別　　　利　　　益		
固　　定　　資　　産　　売　　却　　益		
前　　期　　損　　益　　修　　正　　益		
賞　　与　　引　　当　　金　　戻　　入　　額		
製　品　保　証　引　当　金　戻　入　額		
そ　　　　　の　　　　　他		
特　　　別　　　損　　　失		
前　　期　　損　　益　　修　　正　　損		
固　　定　　資　　産　　除　　売　　却　　損		
貸　　倒　　引　　当　　金　　繰　　入　　額		
そ　　　　　の　　　　　他		
税　引　前　当　期　純　利　益		
法　人　税、　住　民　税　及　び　事　業　税		
法　　人　　税　　等　　調　　整　　額		
当　　期　　純　　利　　益		

米国基準

(Balance Sheet)

XXX Corporation
Balance Sheet
December 31, XXXX

Assets

Current assets
    Cash and cash equivalents $
    Accounts receivable - trade
    Due from affiliates
    Inventories
    Prepaid expenses and other current assets
    Total current assets

Property, plant and equipment, net
Other assets
Total assets $

Liabilities and Shareholders' Equity

Current liabilities
    Short-term loans payable $
    Accounts payable - trade
    Due to affiliates
    Accrued expenses and other current liabilities

Long-term loans payable
Total liabilities

Shareholders' equity
    Common stock, $XX par value per share
     XX,XXX shares authorized, XX,XXX shares outstanding
    Additional paid-in capital
    Retained earnings
Total shareholders' equity
Total liabilities and shareholders' equity $

米国基準

(Statement of Income)

XXX Corporation
Statement of Income
For the year ended December 31, XXXX

Net sales	$
Cost of sales	
Gross profit	
Selling, general and administrative expenses	
Operating income	
Other income (expenses)	
Interest income	
Interest expense	
Loss on sales of property, plant and equipment	
Other expenses	
Income before provision for income taxes	
Provision for income taxes	
Net income	$

第2章
資産

1. 流動資産とは

　流動資産（Current Assets）とは、1年以内に現金化される可能性のある資産のことである。例えば以下のような項目が該当する。

① Cash（現金）
② Accounts Receivable（売掛金）
③ Marketable Securities（有価証券）
④ Notes Receivable（受取手形）
⑤ Inventories（棚卸資産）
⑥ Prepaid Expenses（前払費用）

① Cash（現金）
(1) Definition（定義）：
　現金とは、使途が制限されていない、いつでも自由に支払いに利用できる資産をいう。

　Cash には、以下の項目が含まれる。
　Bills and coins（貨幣）、Petty Cash（小口現金）、Currency（外貨）、Checking Account Balances（当座預金）、Checks（小切手）、Money Orders（為替証書）、Certified Checks（銀行の支払保証小切手）、Personal Checks（個人の小切手）

(2) Cash Equivalents（現金等価物）
　Cash Equivalents（現金等価物）とは、容易に換金可能で、投資した時点から3か月以内に満期又は償還が到来し、かつ価格変動に対するリスクが僅少である証券に対する投資のことである。

第2章　資産　*25*

Cash Equivalents には、以下の項目が含まれる。

Certificate of Deposits（預金証書）、Treasury Bills（T-Bills）（政府財務省証券）、Commercial Paper（コマーシャル・ペーパー）

　例えば、決算期以降 1 週間で満期を迎える預金証書を保有していたとしても、当初投資した時点で 3 か月を超えていれば、Cash Equivalent には該当しないことになるので注意が必要である。

⑶　Bank Reconciliation（銀行勘定調整表）

A.　Outstanding Checks

　企業が小切手を切った場合、当該時点で現金の支払いとして会計処理をする。しかし、小切手が銀行に持ち込まれてから口座に引き落としがされるまでに時間がかかる。そのため帳簿上すでに支払処理を実施した小切手で、月末時点で銀行から引き落としがされていない小切手については、Bank Statement 上マイナスになっておらず、帳簿上とズレが生じることになる。

B.　Deposits in Transit

　企業が夜間金庫に月末に入金、あるいは Mail（郵便）で銀行に入金し、帳簿上既に入金処理を実施したが、銀行では翌月に入金がされたため、帳簿と Bank Statement でズレが生じることになる。

C.　Others

　その他、銀行では既に入出金処理（例えば銀行手数料、預金利子）を実施したが、企業に未達のため企業ではまだ会計処理していない場合、あるいは、企業で誤記帳をした場合等、帳簿上と Bank Statement でズレが生じることになる。

　次のページの図は、Bank Reconciliation のイメージ図である。

例：Bank Reconciliation

1 Bank statementからスタート

Balance per Bank		$1,000
+	Deposits in transit	50
−	Outstanding checks	(200)
−	Bank charges	(5)
−	Interest income	(3)
	Total reconciliation	(158)
Balance per book		$842

2 帳簿からスタート

Balance per book		$842
−	Deposits in transit	(50)
+	Outstanding checks	200
+	Bank charges	5
+	Interest income	3
	Total reconciliation	158
Balance per Bank		$1,000

② Accounts Receivable（売掛金）

⑴ Definition（定義）

売掛金とは、商品の発送又はサービスの提供と交換に企業が顧客に対して保有している、まだ支払われていない債権のことである。

⑵ Allowance for doubtful accounts（貸倒引当金）

貸倒引当金は、金銭債権の貸倒見積高を計上することにより生じる債権の控除項目である。一般的には翌期以降の貸倒れに対する引当金であり、当期貸倒れについては、下記（３）の直接減額法を用いる。貸倒引当金は貸方（Credit）項目であるが、貸借対照表（Balance sheet）上では評価勘定項目として資産から控除される形で表示される。

⑶ Direct write-off method（直接減額法）

当期発生した売掛金が当期に貸倒れた場合、貸倒引当金ではなく、直接売掛金を減額する。

＊具体例＊
A社（12月決算）はB社に対してXX年３月20日に商品を＄5,000で顧客に販売した。
しかし、B社は同年11月に破産法を申請し、A社はB社への債権の回収見込みがないと判断した。

貸倒処理時：

Dr.　Bad debt expense	5,000	
Cr.　Accounts receivable		5,000

⑷ **貸倒引当金の算定方法**

　貸倒引当金は大きく以下の2つの方法により算定された金額の合計である。

　　1　個別（Individual）引当金
　　2　一般（General）引当金

　1　個別引当金

　　個別引当金は、貸倒懸念先に対して、どのくらい貸倒引当金を計上するかを個別に検討する方法である。

＊具体例＊
A社はC社に対してXX年1月10日に製品を＄1,000で掛販売した。XX年12月31日の決算日、C社が資金繰りの悪化のため、A社はB社に対し貸倒引当金を50％計上することにした。

---

　1. 掛販売時

Dr.　Accounts receivable　1,000
　　　Cr.　Sales　　　　　　1,000

---

　2. 決算日

Dr.　Bad debt expense　　500 (*)
　　　Cr.　Allowance for doubtful accounts　　500

　(*) ＄1,000 × 50％＝＄500

　2　一般引当金

　　一般引当金は、金銭債権（個別引当金の対象となった債権を除く）に対して過去の実績等により貸倒率を見積もり金銭債権に掛けることにより引当金を算定する方法である。

第2章　資産　*29*

＊具体例＊
A社は金銭債権＄100,000に対して過去の貸倒実績率をベース
に3％の貸倒れを予測した。

決算日

```
Dr.    Bad debt expense       3,000 (*)
    Cr.    Allowance for doubtful accounts    3,000
```

(*)＄100,000 × 3％＝＄3,000

(5) 貸倒処理後の売掛金の回収

貸倒処理した後に売掛金が回収される場合がある。この場合の会計
処理には以下の2つのタイプに分けられる。

1　当期発生当期貸倒処理の売掛金の回収

＊具体例＊
A社はD社に対する当期発生の売掛金＄100を回収見込みがな
いと判断して、貸倒処理を実施した。その数週間後に、D社より
＄100の回収がされた。

＊具体例＊

1. 貸倒処理時

```
Dr.    Bad debt expense    100
        Cr.    Accounts receivable    100
```

2. 売掛金回収時

```
Dr.    Cash       100
        Cr.    Bad debt expense    100
```

2　前期発生売掛金の当期貸倒処理済みの売掛金の回収

> *具体例*
> 前期末において、A社はE社に対して製品を＄2,000で販売し
> た。A社は前期末において、＄2,000の個別引当金を計上した。
> 当期においてE社に対する売掛金を回収見込みがないと判断し、
> 全額貸倒引当金を取り崩した。後日E社より＄2,000回収した。

具体例

1．前期末

> Dr.　Accounts receivable　　2,000
> 　　　　Cr.　Sales　　　　　　　　2,000
> Dr.　Bad debt expense　　2,000
> 　　　　Cr.　Allowance for doubtful
> 　　　　　　　accounts　　　　　　2,000

2．当期貸倒引当金取り崩し時

> Dr.　Allowance for doubtful accounts　　2,000
> 　　　　Cr.　Accounts receivable　　　　　2,000

3．売掛金回収時

> Dr.　Cash　　2,000
> 　　　　Cr.　Bad debt expense　(*)　　　　2,000

(*) 一般的に米国の実務上、Bad debt expense 勘定のマイナス
　　として処理される。なお、日本基準では、償却債権取立益とし
　　て特別利益に計上される。

第2章　資産　31

③ Marketable Securities（市場性のある有価証券）

⑴ Definition（定義）

　市場性のある有価証券とは、現金と同程度に流動性があり、換金性の高い有価証券のことであり、株式、社債、短期コマーシャルペーパー等が該当する。

　一般的には、市場性のある有価証券は、企業が売買目的で保有し、時価の変動による利益を得ることを目的としている。

⑵ Accounting method

　Marketable Securities のうち、株式の場合は、持株比率により以下の３つのカテゴリーに分けられる。

持分比率	会計処理
0-20%	Marketable Security と呼ばれ、Cost method（原価法）で処理する。
20-50%	Equity Method（持分法）で処理する。
50%以上	連結ベースとなる。

　Trading Security（売買目的証券）は、キャピタルゲインを得ることを目的として、短期間で売買を行う証券のことである。Trading Security は期末ごとに Fair value（公正価値）を算定し、公正価値と簿価を比較して、公正価値と簿価との差額を当期の未実現評価益（Unrealized holding gain）又は未実現評価損（Unrealized holding loss）として認識することになる。持分証券のみならず、債務証券（☆）についても該当する。

　　☆　債務証券とは、社債を代表的なものとして、連邦政府が発行する財務省証券（Governmental Bond）、地方自治体が発行する地方債（Municipal Bond）など、発行者が借金証書のようなものを発行し、購入者からお金を借り入れる仕組みを持った証券のことである。一般的に、債務証券は満期があり、発行者は利息とともに元本を返済する義務がある。

持分証券、債務証券は大きく３つのカテゴリーに区分される。

カテゴリー区分については、固定資産の項目、Investment Securities で詳細に検討する。

図表

証券の分類 Securities	期末評価 Valuation	未実現保有損益 Unrealized holding gains/losses
① 売買目的証券 Trading	公正時価 Fair value	純利益で認識 Recognized in net income
② 満期保有目的証券 Held-to-maturity	償却原価 Amortized cost	認識しない Not recognized
③ 売却可能証券 Available-for-sale	公正時価 Fair value	その他の包括利益・その他の包括利益累計額（SE）に計上 Recognized as "Other comprehensive income" and "Accumulated other comprehensive income (SE)"

第2章　資産　*33*

＊具体例＊

A社はX1年4月に売買目的証券Xを＄3,000で購入した。X2年12月決算日時点のXの時価は＄3,200であった。なお、X1年12月決算日時点のXの時価は＄2,900であった。税効果は考慮しないものとする。

1．X1年購入時

Dr.	Marketable security	3,000	
	Cr. Cash		3,000

2．X2年決算日

Dr.	Marketable security	300	
	Cr. Unrealized holding gain		300

※ X1年度決算日において、A社は＄100のUnrealized holding lossを計上した。したがって、X2年12月決算日において時価と比較すべき簿価は、取得原価＄3,000－未実現損失＄100＝＄2,900となる。

したがって、X2年度決算日時価＄3,200－X1年度決算日時価＄2,900＝＄300がX2年度に計上すべきUnrealized holding gain（未実現評価益）となる。未実現評価益は損益計算書（PL）に計上される。

④ Notes Receivable（受取手形）

⑴　Definition（定義）

　Notes Receivable（受取手形）とは得意先との通常の 取引に基づいて発生した手形債権のことである。

⑵　Present Value（現在価値）

　Notes receivable（手形）は、Present value（現在価値）で評価される。

　Present value（現在価値）とは、Future Value（将来価値）をある一定の Discount rate（割引率）で割り引いた現時点での価値のことである。

　すなわち、現在の 10,000 ドルと将来受け取る 10,000 ドルは価値が違うということになる。この「将来受け取る 10,000 ドル」という点が、Notes Receivable と関係するが、Notes Receivable の中には「1 年後に支払う」といった長期にわたる満期の性質をもつものがあり、これが Present Value の考え方に繋がってくるのである。

＜ Present Value の考え方＞

　Present Value には、金利の概念が深く関係してくる。例えば、あなたの親友が突然相談にやってきた。

　「申し訳ないけど今日 10,000 ドル貸してほしい。1 年後に 10,000 ドル必ず返すから。」

　あなたは最初、突然の高額な話に戸惑うに違いない。しかし、親友であれば、お金を貸してしまうかもしれない。ところが、この親友は 1 年後に 10,000 ドルを返すと言っている。この点を考慮すると、貸す側が損をしていることが分かる。なぜならば、通常であれば 10,000 ドルを銀行に預けていれば金額が僅少であれ利息が付いてくるからである。仮に年利 5% の銀行に友人に貸す予定の 10,000 ド

第 2 章　資産　35

ルを預けていたと仮定すると、1年後には、10,000ドル×1.05 ＝ 10,500ドルとなり、500ドルもの利息をもらえるはずである。

　この考えを反映させたものがPresent Valueとなる。先ほどの例では、親友が1年後に10,000ドルを返すと言っているのであれば、仮に金利が5%で銀行に預金した場合、10,000ドル÷1.05 ≒ 9,524ドルとなり、あなたが貸すべきお金は現時点で9,524ドルとなる。

＊具体例＊
A社はX1年1月1日にEquipmentを売却し、$10,000の手形を受け取った。
前提条件
・現在の市場金利：8%
・Notes Receivableの金利：5%
・Notes Receivableの金額：10,000ドル
・取引日：1月1日
・満期日：5年後の12月31日
・Equipmentの簿価は、手形の現在価値に等しいものとする。

　ここでいう市場金利8%とは、一般に市場で取引の際に行われている金利ということである。そのような状況の中で、このNotes Receivableはたったの5%という低い金利となっている。さらに、満期日は5年後となっておりPresent Valueの考え方が登場する。

　5年の間、8%で運用を行い1ドルになるときのPresent Valueは0.681になる。The present value of $1 for 5 period at 8%のことである。このPresent Valueである0.681は1を8%、つまり1.08で5回割れば導くことができる。これは元本分の算定に使用することになる。

　次に、このNotes Receivableが生み出す金利5%でもらえる利

息合計の現在価値を考慮する必要があるが、英語では The present value of an annuity of $1 for 5 period at 8% となる。この金額は利率表より 3.993 となる。これは金利分に使用することになる。

　上記の Present Value の係数を利用して、Notes Receivable の現在価値を計算する。まず、元本金額は 10,000 ドルなので、10,000 ドル× 0.681 = 6,810 ドルとなる。
　次に、合計利息を現在価値にすると、(10,000 × 5%) × 3.993 = 1,997 ドルとなる。

　Notes Receivable の金利 5% で 5 年間もらえる金額を Present Value にしたときの金額が 1,997 ドルとなる。これらを合計すると、6,810 ドル＋ 1,997 ドル = 8,807 ドルとなり、今回の取引で受け取った Notes Receivable の現在の価値は 8,807 ドルということになる。Notes Receivable の額面は 10,000 ドルであるが、今の価値は 8,807 ドルなのである。

　1. 商品販売時

```
Dr.   Notes receivable      10,000
        Cr.   Equipment       8,807 (*1)
              Discount on notes receivable
                                1,193 (差額)
```

　(*1) Note receivable の現在価値

　2. X1 年度期末日

```
Dr.   Cash                        500 (*2)
      Discount on notes receivable    205 (差額)
        Cr.   Interest income          705 (*3)
```

第 2 章　資産　*37*

(*2) 額面＄10,000 ×約定利率5％＝＄500
(*3) 現在価値＄8,807 ×市場金利8％＝＄705

Note receivable の現在価値＝＄8,807 ＋＄205 ＝＄9,012

3．X2 年度期末日

```
Dr.   Cash                    500 (*4)
      Discount on notes receivable    221 (差額)
      Cr.   Interest income              721 (*5)
```

(*4) 額面＄10,000 ×約定利率5％＝＄500
(*5) 現在価値＄9,012 ×市場金利8％＝＄721

Note receivable の現在価値＝＄9,012 ＋＄221 ＝＄9,233

4．X3 年から X5 年度の仕訳
　　上記仕訳２及び３の繰り返し

5．X5 年度手形回収の仕訳

```
Dr.   Cash     10,000
      Cr.   Notes receivable     10,000
```

　上記のように、市場金利を考慮した Interest income と実際に手形に記載されている金利の差額によって Notes Receivable （受取手形）の金額を満額に近づけていく方法を Interest method （利息法）という。

⑤ Inventories（棚卸資産）

⑴ Definition（定義）

Inventories（棚卸資産）とは、販売するために仕入れた商品、又は販売するために生産した製品で、まだ売れていない商品や製品のことである。つまり、会社の在庫を意味する。

売上原価（Cost of goods sold）及び期末棚卸資産（Ending inventory）の算定方法には以下の２つの方法がある。

⑵ 継続記録法（Perpetual System）

継続記録法（Perpetual System）とは、商品を仕入れる都度、Dr. Inventory（棚卸資産）で資産計上していく記録方法である。商品が販売されると Dr. Cost of goods sold（売上原価）、Cr. Inventory で、その都度売上原価を計算する。一般的にこの方法を取るのは、単価が高い商品、又は販売回数の少ない商品を扱っている企業である。

```
（仕入時）
    Dr.  Inventory     XXX
            Cr.   Accounts payable    XXX
（販売時）
    Dr.  COGS     XXX
            Cr.   Inventory     XXX
```

⑶ 棚卸記録法（Periodic System）

棚卸記録法（Periodic System）とは、期末時点で実地棚卸を実施し、実地棚卸をベースとして売上原価を算定する方法である。

棚卸記録法では、量販店やスーパーなど、それほど単価が高くない商品を扱っており、販売回数が非常に多い店で使われる方法である。

このような店では、売上の都度売上原価を認識するのは煩雑になるため、仕入時には資産として計上しないで、仕入れの都度、Dr.

第２章　資産　39

Purchase（仕入）で費用計上していく。そして、期末時点で実地棚卸を行い、期末在庫数を把握し、期末棚卸資産を確定することになる。

売上原価の算定は以下のとおりとなる。

期首棚卸資産＋当期商品仕入－期末棚卸資産（実地棚卸）
＝売上原価（COGS）

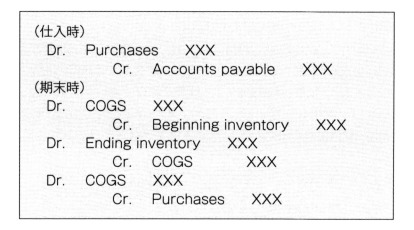

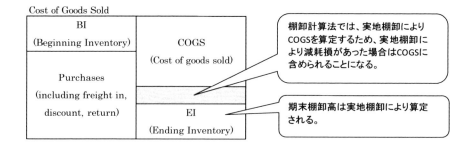

⑷ **棚卸資産の資産計上額（Inventory Cost）**

　棚卸資産の取得原価には、単なる仕入金額のみならず、商品として使用可能になるまでにかかった費用全てを含めなければならない。例えば、仕入運賃や保管費用が該当する。以下は付随費用の具体例である。

● 保険料（Insurance）
● 倉庫費用（Warehousing）
● 仕入運賃（Freight-In）
● その他（商品の取得に要した費用）

仕入価格		付随費用		棚卸資産の
(Purchase Price	＋	・保険料（Insurance）	＝	取得原価
Of Merchandise)		・倉庫費用（Warehousing）		(Inventory Cost)
		・仕入運賃（Freight-In）		
		・その他（Others）		

⑸ **棚卸資産の評価方法（Inventory Valuation Methods）**

　期末棚卸資産の評価額は売上原価に影響を及ぼすため非常に重要となる。意図的に企業が利益を増やしたい場合、期末棚卸資産の評価額を増やすと売上原価が減少し、純利益が増加する。反対に企業が利益を減らしたい場合、期末棚卸資産の評価額を減らすと、売上原価が増加し、純利益が減少する。

　従って、期末棚卸資産の評価は PL の数値に影響を及ぼすため重要となる。期末棚卸資産の評価は、以下の主な 4 つの方法がある。棚卸資産の評価額は、商品の単価×個数で算定される。なお、会計原則上、一度選択した方法は正当な理由があると認められない限り毎期継続的に適用しなければならないことになっている。

1. 個別法（Specific Identification）
   どの商品が販売され、どの商品が売れ残っているのか個別に計算・把握する方法

2. 加重平均法（Weighted-Average）
   商品の総平均単価を求め、その算定された値を用いて売上原価の計算を実施する方法

3. 先入先出法（First-In, First-Out：FIFO）
   先に仕入れた商品から先に販売したと仮定して計算する方法

4. 後入先出法（Last-In, First-Out：LIFO）
   後に仕入れた商品から先に販売したと仮定して計算する方法

1. 個別法（Specific Identification）
   個別法は販売の都度、棚卸資産の取得に要した費用をもって利益を算定する方法であり、原価を個別に評価する方法である。
   個別法は棚卸資産が少量で、かつ高額な宝石や貴金属などのような棚卸資産の評価に適している。

2. 加重平均法（Weighted-Average）
   加重平均法は期首在庫と当期仕入分の合計額を期首在庫数と当期仕入個数の合計金額で割ることにより総平均単価を求め、当該単価に期末棚卸資産の個数を乗じることにより期末棚卸資産の金額を算出する方法である。

期末棚卸資産　　　　＝総平均単価 (*)　　　×期末棚卸資産の
(Ending Inventory) (Average Unit Cost)　個数

$$\frac{(*) \text{総平均単価}}{(\text{Average Unit Cost})} = \frac{\text{期首棚卸資産の金額＋当期仕入の金額}}{\text{期首棚卸資産の個数＋当期仕入の個数}}$$

---

③　先入先出法 (First-In, First-Out : FIFO)

　先入先出法は、実際の物の流れとは無関係に、在庫のうち先に仕入れた物 (First-In) が先に払い出されていく (First-Out) と仮定して期末棚卸資産を評価する方法であり、FIFO とも呼ばれている。

　＜先入先出法 (FIFO) の特徴＞

　FIFO は物価上場時には売上原価が小さくなり、売上総利益が膨らむ。これは物価上昇時に仕入れた物が期末在庫として残るため、後に仕入れた商品ほど単価が高くなり、その結果売上原価が減少し、売上総利益が大きくなるのである。従って、貸借対照表 (BS) では、期末棚卸資産は比較的時価に近いことが特徴となっている。

④　後入先出法 (Last-In, First-Out : LIFO)

　後入先出法は、実際の物の流れとは無関係に、在庫のうち後に仕入れた物 (Last-In) が先に払い出されていく (First-Out) と仮定して期末棚卸資産を評価する方法であり、LIFO とも呼ばれている。

　＜後入先出法 (LIFO) の特徴＞

　LIFO は物価上場時には売上原価が大きくなり、売上総利益が小さくなる。LIFO では、期末棚卸資産は先に仕入れた商品で構成されると仮定しており、期末棚卸資産は物価が低い単価で構成されている。よって、物価上昇時に仕入れた物は在庫としては残っていないため、売上原価が増加し、売上総利益が小さくなるのである。従って、貸借対照表 (BS) では、期末棚卸資産は比較的時価とかけ離れていることが特徴となっている。

⑹ 低価法 (Lower of Cost or Market：LCM)

低価法とは、米国会計基準で要求されている棚卸資産の評価方法であり、一種の保守主義の原則 (なるべく資産を過大評価しないで費用を多く見積もること) の観点から導き出される。

低価法は、(5) により評価された原価と合理的に算定された市場価格 (時価) とを比較していずれか低い方の額で資産計上する方法である。

低価法の合理的な時価は、以下の3つの要素の金額の大きさを比較して、中間の価格を時価とする方法である。

3つの要素とは、以下のとおりである。
1. Net Realizable Value (正味実現可能価額、NRV) 別名 Ceiling (天井)
2. NRV － Normal profit margin　別名 Floor (床)
3. Replacement Cost (再調達原価、RC)

① 正味実現可能価額 (NRV)

正味実現可能価額は、棚卸資産の販売価格 (Selling Price) から販売コスト (Selling Cost) を差し引いた金額である。

販売価格 (Selling Price)	販売コスト － (Selling Cost) ＝	正味実現可能価額 (Net Realizable Value)

---

② 再調達原価 (RC)

再調達原価は、同じ棚卸資産を再度仕入れた時に要する原価である。

Market Value の3つのパターン
1．Ceiling ＞ RC ＞ Floor　→MV は RC である

2．RC ＞ Ceiling ＞ Floor　→ MV は Ceiling である

3．Ceiling ＞ Floor ＞ RC　→ MV は Floor である

Example：

Market Value 及び LCM を求めなさい。

	RC	Ceiling	Floor	Cost
A	100	110	90	110
B	85	100	95	100
C	120	105	100	95

Answer：

	MV	Cost	LCM
A	100	110	100
B	95	100	95
C	105	95	95

上記の例で、評価損は A が Cost ＄110 － MV ＄100 ＝＄10、及び B が Cost ＄100 － MV ＄95 ＝＄5 の合計＄15 となる。

＊具体例＊

　X 1 年 12 月 31 日に実施した実地棚卸の個数及び FIFO ベースで算出された単価をもとに算定された期末棚卸資産 Y は＄240,000 であった。

　Y の Replacement cost は＄230,000 である。あと＄50,000 追加でコストをかければ、Y は＄300,000 で販売できる。一方 Y の通常のマージンは販売価格の 10％である。

---

①　正味実現可能価額＝＄300,000 －＄50,000 ＝＄250,000

②　正味実現可能価額－ Normal profit margin（正常利益）
　　＝＄250,000 －＄300,000 × 10％＝＄220,000

③　再調達原価＝＄230,000

第 2 章　資産　*45*

従って上記のうち中間の金額は、再調達原価の $230,000 となり、これが市場価格（時価）となる。

　一方、Y の原価は $240,000 であるため、$240,000 － $230,000 ＝ $10,000 が LCM における損失となる。

```
Dr.   COGS     $10,000
         Cr.   Inventory    $10,000
```

　なお、技術革新等による進歩により既に時代遅れとなった陳腐化された棚卸資産にかかる損失については、一般的に原価性がないと考えられ、COGS ではなく、営業外費用の Loss として計上する。

　FASB が「在庫の低価法での Replacement Cost の利用中止（ASU 2015-11）」を公表し、市場価格は、原則として販売市場側に着目した NRV（正味実現可能価格）ということになり、Replacement Cost（再調達原価）は利用が中止された。当該改訂は、2016 年 12 月 15 日より後に開始する事業年度より適用される（詳細は「コーヒーブレーク①」を参照のこと）。

⑺　棚卸資産の所有権
　仕入先から海外の購入者へ商品が発送される場合、契約の形態により棚卸資産の所有権の移転時期が変わってくる。契約の主な種類は、① FOB Shipping point と、② FOB Destination の 2 つがある。

　①　FOB Shipping point
　　　出荷した時点で所有権が販売者から購入者へ所有権が移転
　②　FOB Destination
　　　海外の購入者が受け取った時点で販売者から購入者へ所有権が移転

従って、どのタイミングで棚卸資産の所有権が移転するかで棚卸資産の金額が変わってくるため留意が必要である。

⑻　委託販売（Consignments）

　実務上慣行として実施されているが、これは委託者（Consignor）が販売代理店である受託者（Consignee）に自社の商品を委託して販売してもらう契約のことである。例えば、デパートや百貨店が様々なブランドショップの商品を扱う形態が典型的なものである。

　この形態では、受託者は単に商品を販売のために預かっているだけなので、商品が販売されるまでは委託者が所有権を持っていることになる。販売代理人は商品が販売されると、委託者から販売手数料をもらう。

＊具体例＊
　A社はZ商品をE社に委託販売をしている。A社はE社に対してZ商品を1,000個（原価＄30,000）発送した。後日E社はZ商品を200個、1個＄50で販売し、A社は販売の通知を受けた。

　1．発送時
　　　仕訳なし

　2．販売の通知受領時
　A社側：

Dr.　Accounts receivable　　10,000
　　　　Cr.　Sales　　　　　　　10,000

※一般的には受託者側で債権を回収する場合が多いため、Accounts receivableではなく、委託販売勘定等で処理して後日受託者側で立替払いした費用とともに精算する方法もある。

⑥ **Prepaid expenses（前払費用）**

(1) **Definition（定義）**

前払費用（Prepaid expenses）とは、一定の契約に従い、継続的に役務（サービス）の提供を受けるために費用を支出したが、当期においてまだ提供を受けていない役務に対して支払われた対価のことをいう。

(2) **前払費用の会計処理**

前払費用については、①実際に支払った時点で資産として計上し、毎期又は毎月継続的に償却していく方法と、②支払い時に一括費用処理をし、期末日にまだ役務を受けていない対価の部分を費用から資産に振り替えるパターンがある。

＊具体例＊

A社はX1年1月にX1年3月からX2年2月までの1年分の保険料を＄6,000支払った。X1年12月決算日となったので、A社は前払保険料の修正仕訳を実施した。

---

1. 支払い時に前払費用（Prepaid expenses）として処理する方法

```
Dr.    Prepaid expenses    6,000
         Cr.    Cash              6,000
```

2. 決算日

```
Dr.    Insurance expense    5,000 (*1)
         Cr.    Prepaid expenses    5,000
```

(*1)（＄6,000÷12か月）×10か月（X1年3月〜X1年12月）
＝＄5,000

B. 支払い時に保険料（Insurance expense）として処理する方法

　　1．保険料支払時

Dr.	Insurance expense	6,000	
	Cr. Cash		6,000

　　2．決算日

Dr.	Prepaid expenses	1,000 (*2)	
	Cr. Insurance expense		1,000

（*2）（$6,000 ÷ 12 か月）× 2 か月（X2年1月〜X2年2月）

　　＝$1,000

2．固定資産と無形資産（Fixed Assets and Intangible Assets）

1．固定資産とは

固定資産は、その資産の活用によって、新たな収益を得ることを目的として企業で保有される資産である。広義の意味の固定資産は、企業が1年以上保有することにより収益を得ることを目的としている資産のことである。狭義の意味の固定資産は、有形固定資産を意味する。以下、有形固定資産について見ていくこととする。

2．有形固定資産（Fixed Assets, Property, Plant and Equipment）

⑴　Definition（定義）

生産の過程や賃貸、その他管理活動で1年以上使用されることが見込まれる有形資産

☆ポイント

基本的に販売目的としたものではないため、不動産事業者等建物、土地等を販売目的で手に入れる場合は、棚卸資産に該当することになる。

＜代表的な有形固定資産の例＞

建物（Buildings）、機械（Machine）、備品（Equipment）、土地（Land）、建設仮勘定（Construction in progress）

⑵　有形固定資産の取得原価（Acquisition Cost）

有形固定資産の資産計上額には、その固定資産が使用可能になるまでにかかったコストすべてを含める。例えば、備品を購入し、発送してオフィスに設置されるまでにかかった発送料、及び据付料は備品の購入原価に加えて資産計上することが必要となる。

＊具体例＊

1．A社は、会社で使用するための車を1台＄20,000で現金購
　入した。

```
Dr.    Automobile    20,000
        Cr.    Cash          20,000
```

2．A社は車の購入に関し、納車費用が＄100追加で発生した。

```
Dr.    Automobile    100
        Cr.    Cash          100
```

(3)　資本的支出・収益的支出

　固定資産は、一般的に購入後に様々なメインテナンス費用が発生す
る。当該コストについては、その性質により、以下の2つに分けて考
えることができる。

① 　資産計上するコスト（Capital Expenditure）

　これは資本的支出とも呼ばれ、当該コストにより、固定資産の耐
用年数が延長されたり、又は機能が向上するコストをいう。資本的
支出は、資産として支出額を有形固定資産に計上する。

② 　費用計上するコスト（Revenue Expenditure）

　これは収益的支出とも呼ばれ、現状維持するためにかかるメイン
テナンス費用及び上記①の資本的支出に当てはまらないコストをい
う。収益的支出は、費用として支出額をPLで計上する。

☆ポイント

　例えば、資本的支出によって、従来機械のキャパシティーが年間
50,000トンしか生産できなかったが、80,000トン生産できるよ
うになった場合や、機械の耐用年数が5年から7年に延長された

場合に、資産として計上する。

＜ Example ＞
1．A 社は機械の一部に故障を見つけたため、メインテナンス業者へ修理を依頼した。一部改良を要する必要があったが、その結果、生産性が格段に上昇した。
→資本的支出として処理

2．A 社は機械をメインテナンス業者へ年次メインテナンスを実施してもらった。
→収益的支出として処理

なお、企業の会計方針で、例えば＄1,000 以上を固定資産に計上すると規定する場合、＄1,000 未満の修繕費は、収益的支出として処理することができる。

当該規定を設けるのは、実務上の便宜性を考慮し、金額が僅少な支出はすべて費用として処理することを認めるものである。有形固定資産の会計方針であるため、正当な理由があると認められる場合を除いて、毎期継続的に適用しなければならない。

⑷　減価償却（Depreciation）

減価償却とは、固定資産の取得に要した支出をその資産が使用できる期間にわたって毎期規則的に配分することをいう。

一般的に、有形固定資産の減価償却費は Depreciation、無形固定資産の減価償却費は Amortization という。

1．減価償却の考え方

減価償却の考え方の前提となるのは、費用収益対応の原則である。

長期的に使用される固定資産はその使用期間にわたり収益を生み

出す力を有している。固定資産にかかったコストを初年度に全額費用計上した場合、初年度に多額のコストが計上され、翌期以降は収益のみの計上となる。この場合、初年度に固定資産のコストのために経営成績が悪化し、翌期以降は収益性が過大に計上される結果となり、投資家の財務諸表の判断を誤らせる恐れがある。

　この判断のズレを解消するために、費用収益対応の原則が採用されているのである。これは、固定資産の費用化について、その固定資産を使用できる期間にわたってコストを配分し費用計上することにより、その固定資産が生み出す収益に対応させる方法である。

１．減価償却の方法（Depreciation Methods）
　減価償却の方法は複数存在する。いずれについてもある過程に基づいて、費用の配分方法を推測によって決定していく。どの方法を使用するかは経営者が判断する（会計方針の設定）。

　いずれの方法を採用しても、減価償却費の合計は変わらないが、期間費用の配分額が異なってくる。また、残存価値（Salvage Value）も見積もる必要が生じてくる。残存価値とは、当初想定の耐用年数を経過したとしても、その固定資産が残っていると思われる価値のことである。残存価値は、固定資産を売却するまで貸借対照表（BS）に計上されることになる。

　減価償却には次の５つの償却方法がある。
　①　定額法（Straight-Line method, SL）
　②　２倍定率法（Double-Declining-Balance method, DDB）
　③　級数法（Sum-of-the-Years' Digits method, SYD）
　④　比例法（Activity method）
　⑤　総合償却（Composite or Group Depreciation）

定額法（SL）、定率法（DDB）、級数法（SYD）による毎期の減価償却費のイメージは以下のとおりとなる。

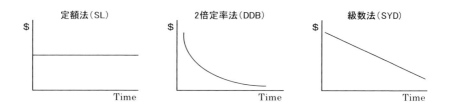

＜減価償却費の体系図＞

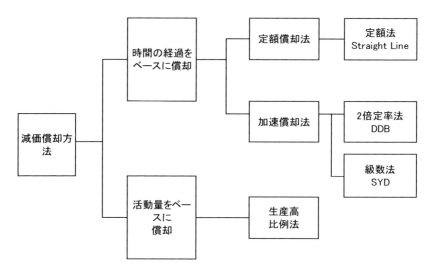

① **定額法（Straight-Line Method：SL）**

定額法は、固定資産の取得原価（Cost）から残存価額（Salvage Value）を除いた金額を耐用年数にわたって毎期均等償却していく方法である。上記の表のように、毎期一定の償却費が計上され、直線で描かれることから、Straight-Line Method と呼ばれている。

計算式は以下のとおりである。

$$(\text{Cost - Salvage Value}) \times \frac{1}{\text{耐用年数 (Useful Life)}}$$

＊具体例＊
A社はX1年期首に以下の機械を購入した。A社は定額法を採用している。

取得原価 (Cost)	＄100,000
残存価額 (Salvage Value)	＄10,000
耐用年数 (Useful Life)	5 years

1．A社はX1年度末において、機械の減価償却費を計上した。

Dr.　Depreciation expense　　18,000 (*1)
　　　Cr.　Accumulated depreciation (*2)　　18,000

(*1)（＄100,000 － ＄10,000）÷ 5 years ＝ $18,000
(*2) 減価償却累計額

　減価償却累計額 (Accumulated depreciation) という資産の評価勘定を用いて減価償却をしていく方法が一般的である。
　なお、直接固定資産の機械を減額させる直接減額法もある。

2．A社はX2年度末において、機械の減価償却費を計上した。

Dr.　Depreciation expense　　18,000
　　　Cr.　Accumulated depreciation　　18,000

3年目以降5年目まで上記と同様の処理が実施される。

②　2倍定率法 (Double-Declining-Balance Method：DDB)

　2倍定率法は、初期に多額の費用を償却することを目的とした加速償却法の1つであり、定額法の2倍の償却率で償却を行う方法

第2章　資産　55

である。

計算式は以下のとおりである。

$$\text{簿価（Cost - Accumulated Depreciation）} \times \frac{2}{\text{耐用年数（Useful Life）}}$$

☆ポイント

　ここで注意したいのが、2倍定率法では残存価額は差し引かないという点である。この場合、上記の表で償却をしていった場合、残存価額以上に償却してしまう恐れがあるということである。

　従って、残存価額がある場合には、最終年度の償却額を調整する必要がある。例えば、最終年度の固定資産の簿価が＄400であり、残存価額＄300のところ、償却費が＄200あった場合は、最終年度の償却額は、＄400から＄300を差し引いた＄100が償却限度額となる。

＊具体例＊
A社はX1年期首に以下の機械を購入した。A社は2倍定率法を採用している。
取得原価（Cost）　　　　　　　　　＄100,000
残存価額（Salvage Value）　　　　＄10,000
耐用年数（Useful Life）　　　　　　5 years

---

　1. A社はX1年度末において、機械の減価償却費を計上した。

Dr.　Depreciation expense　　40,000（*1）
　　　Cr.　Accumulated depreciation　　40,000

（*1）＄100,000 ×（2 ÷ 5 years ＝ 40%）＝ $40,000

２．Ａ社は X2 年度末において、機械の減価償却費を計上した。

| Dr. | Depreciation expense | 24,000 (*2) |
| | Cr. Accumulated depreciation | 24,000 |

(*2)（$100,000 － $40,000）× 40% ＝ $24,000

３．Ａ社は X5 年度末において、機械の減価償却費を計上した。

| Dr. | Depreciation expense | 2,960 (*3) |
| | Cr. Accumulated depreciation | 2,960 |

(*3) 下記の表より5年目の減価償却費は、

Book Value 12,960 × 40% ＝ $5,184

となり、償却後の Book Value は $12,960 － $5,184 ＝ $7,776
となる。

しかしながら、これは残存価額である $10,000 を下回っている。

従って、5年目の減価償却費の限度額は以下のとおりとなる。

$5,184 －（$10,000 － $7,776）＝ $2,960

計算表

Year	Book Value	Rate	Depreciation	Accumulated Depreciation	Book Value
1	$100,000	40%	$40,000	$40,000	$60,000
2	60,000	40%	24,000	64,000	36,000
3	36,000	40%	14,400	78,400	21,600
4	21,600	40%	8,640	87,040	12,960
5	12,960	40%	2,960	90,000	10,000

第 2 章　資産　57

＜期中取得の場合＞

上記例題では、期首に固定資産を取得しているが、期中に固定資産を取得することが実務上多い。そのため、簡単に以下の例で償却費の計算方法を見ていく。

＊具体例＊
A社はX1年10月に以下の機械を購入した。A社は2倍定率法を採用している。
取得原価（Cost）　　　　　　　　$100,000
残存価額（Salvage Value）　　　$10,000
耐用年数（Useful Life）　　　　　5 years

1．A社はX1年度末（12月31日）において、機械の減価償却費を計上した。

Dr.　Depreciation expense　　10,000 (*1)
　　　Cr.　Accumulated depreciation　　10,000

(*1) $100,000 ×（2 ÷ 5 years ＝ 40%）×（3か月 / 12か月）
＝ $10,000

2．A社はX2年度末において、機械の減価償却費を計上した。

Dr.　Depreciation expense　　36,000 (*2)
　　　Cr.　Accumulated depreciation　　36,000

(*2) $100,000 × 40%×（9か月 / 12か月）＝ $30,000
（$100,000 － $10,000 － $30,000）× 40%×（3か月 / 12か月）
＝ $6,000
$30,000 ＋ $6,000 ＝ $36,000

☆ポイント

　期中に取得した固定資産の減価償却費において、減価償却費の結果は1年間であるため、取得年度の減価償却費は1年分の減価償却費のうち、取得日から年度末までの月数となる。上記の例の場合は、10月から12月までの3か月分を償却することになる。

　次年度の減価償却費は、取得年度の減価償却費のうち、まだ計上されていない部分の金額を算定し、当該金額を前期末の簿価から減額して3か月分の償却費を算定する。従って、当該3か月分の償却費及び取得年度の1年分の償却費のうち、取得年度に償却費として算入されなかった金額の合計金額となる。

③　**級数法（Sum-of-the-Years' Digits Method：SYD）**

　級数法とは、減価償却の一手法で、毎期一定の額を算術級数的に逓減した減価償却費を計上していく方法である。定率法の簡便法として用いられる。

　計算式は以下のとおりである。

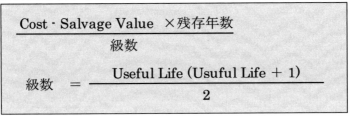

　級数法は、例えば耐用年数が5年の場合、1＋2＋3＋4＋5＝15を分母にして、1年目は残存年数である5を分子として、取得原価（Cost）から残存価額（Salvage Value）を差し引いた金額に5分の15を乗じることで算定される。

　2年目は（Cost-Salvage）の金額は1年目と同様であり、分子が残存年数である4に変更されるのみである。

　このように、年数が経過するほど償却費が少なくなるのである。

＊具体例＊

A社はX1年期首に以下の機械を購入した。A社は級数法を採用している。

取得原価 (Cost)	$100,000
残存価額 (Salvage Value)	$10,000
耐用年数 (Useful Life)	5 years

1. A社はX1年度末において、機械の減価償却費を計上した。

Dr. Depreciation expense　　30,000 (*1)
　　Cr.　Accumulated depreciation　　30,000

(*1) ($100,000 − $10,000) × (5/15) = $30,000

2. A社はX2年度末において、機械の減価償却費を計上した。

Dr. Depreciation expense　　24,000 (*2)
　　Cr.　Accumulated depreciation　　24,000

(*2) ($100,000 − $10,000) × (4/15) = $24,000

計算表

Year	Depreciable Amount (*3)	Rate	Depreciation	Accumulated Depreciation	Book Value
1	$90,000	5/15	$30,000	$30,000	$70,000
2	90,000	4/15	24,000	54,000	46,000
3	90,000	3/15	18,000	72,000	28,000
4	90,000	2/15	12,000	84,000	16,000
5	90,000	1/15	6,000	90,000	10,000

(*3) 残存価額 $10,000 を除く

④ **比例法（Activity Method）**

比例法のうち、一般的には生産高比例法が用いられる。

生産高比例法（Unit of Production Method）とは、機械であれば稼働時間、鉱物であれば推定埋蔵量をベースとして減価償却を実施する方法である。

計算式は、以下のとおりである。

$$\frac{(原価（Cost）－残存価額（Salvage Value））×当期の稼働時間（Hours）}{総稼働時間（Expected Productive Hours）}$$

＊具体例＊
A社はX1年10月に以下の機械を購入した。A社は生産高比例法を採用している。

取得原価（Cost）	$100,000
残存価額（Salvage Value）	$10,000
耐用年数（Useful Life）	5 years
当期稼働時間	6,000H
予測総稼働時間	24,000H

1. A社はX1年度末において、機械の減価償却費を計上した。

Dr.　Depreciation expense　22,500（*1）
　　　Cr.　Accumulated depreciation　22,500

（*1）（ $100,000 － $10,000） ×（6,000H /24,000H）＝ $22,500

第2章　資産　61

2．A社はX2年度末において、機械の減価償却費を計上した。な
　お、X2年度の稼働時間は2,000Hであった。予想総稼働時間は
　X1年度と同様とする。

```
Dr.   Depreciation expense      7,500 (*2)
        Cr.    Accumulated depreciation      7,500
```

（*2）（＄100,000 －＄10,000）×（2,000H /24,000H）
＝＄7,500

⑤　総合償却（Composite or Group Depreciation）
　これまで見てきた償却方法は個別償却と呼ばれる。一方、総合償却
とは、用途・性質等の共通性によって複数の資産をグループ化し、そ
れらを一括して償却する方法である。
　総合償却には2つの種類がある。1つ目は異種資産を一括償却する
方法であり、Composite Depreciationといい、もう1つ目は同種
資産を一括償却する方法で、Group Depreciationという。

　償却率の計算は、以下のとおりである。

$$
償却率（Rate） = \frac{個々の資産の定額法による年間償却費の累計（Sum\ of\ Annual\ Straight\text{-}Line\ Method's\ Depreciation）}{全資産の取得原価合計（Total\ Original\ Cost）}
$$

＊具体例＊
A社の個々の機械および耐用年数は以下のとおりである。なお、残存
価額はゼロとする。

	取得原価	耐用年数
機械A	＄900,000	15
機械B	＄300,000	10
機械C	＄240,000	8

機械 A の年間償却費＝＄900,000 ÷ 15 年＝＄60,000

機械 B の年間償却費＝＄300,000 ÷ 10 年＝＄30,000

機械 C の年間償却費＝＄240,000 ÷ 8 年＝＄30,000

機械 A 〜 C の年間償却費の合計＝＄60,000 ＋＄30,000 ＋＄30,000 ＝＄120,000

全資産の取得原価の合計　＄900,000 ＋＄300,000 ＋＄240,000 ＝＄1,440,000

償却率 (Rate) ＝ 120,000 ÷ 1,440,000 ≒ 0.083

　　Or　平均耐用年数＝ 1,440,000 ÷ 120,000 ＝ 12 年

X 1 年度末

```
Dr.    Depreciation expense      120,000
       Cr.    Accumulated depreciation      120,000
```

X2 年度末

```
Dr.    Depreciation expense      120,000
       Cr.    Accumulated depreciation      120,000
```

☆ポイント

　個別償却では、個々の資産ごとに償却費を算定し、減価償却累計額を把握できるため、除却損益や売却損益の計算をすることが可能である。総合償却では、個々の資産ごとに減価償却費、減価償却累計額を把握しないため、除却時には売却損益は発生しない。

　例えば、資産グループの一部が売却された場合、資産の取得原価と売却価額との差額は全て減価償却累計額となり、売却損益は計上されない。

```
Dr.   Cash    XXX
      Accumulated depreciation    XXX（差額）
   Cr.   Machine              XXX
```

X3年度末に機械Cを＄90,000で売却した場合

```
Dr.   Cash    90,000
      Accumulated depreciation    150,000（差額）
   Cr.   Machine                   240,000
```

⑸ 資産の除却（Disposal of Assets）

　資産の除却とは、利用価値のなくなった固定資産を売却等によって処分することである。売却時において、期首から売却時までの減価償却費を計上し、その後売却の仕訳を計上することになる。

```
＊具体例＊
A社はX1年1月1日に＄30,000で機械を購入し、X3年4月30
日に＄20,000で売却した。
取得原価      ＄30,000
残存価額      取得価額の10％
償却方法      定額法
耐用年数      5年
```

　1．X3年度減価償却費の計上

```
Dr.   Depreciation expense    1,800（*1）
   Cr.   Accumulated depreciation    1,800
```

　（*1）（＄30,000－＄30,000×10％）×4ヶ月（X3年1月〜4月）
／60ヶ月（5年×12ヶ月）＝＄1,800

2．X3 年度売却時の仕訳

```
Dr.   Cash                        20,000
      Accumulated depreciation    12,600 (*2)
   Cr.   Machine                            30,000
         Gain on sales of machine            2,600（差額）
```

(*2) $10,800 (*3) ＋ $1,800（上記1）＝ $12,600

(*3) X2 年度末の減価償却累計額

（$30,000 － $30,000 × 10%）× 24/ 60 ＝ $10,800

　機械の簿価$17,400（$30,000 － $12,600）と売却価額$20,000の差額は、Gain on sales of machine として利益が計上される。

(6)　**資産の減損（Impairment）**

A．減損の意義

　減損（Impairment）とは、資産の市場価値が大幅に下落したり、その資産が生み出すと考えられる将来のキャッシュ・フローの見込みが大幅に減り、回復見込みがない場合、資産の簿価を公正価値（Fair Value）の価額まで引き下げ、簿価と公正価値との差額を損失として処理する会計処理のことである。

B．対象となる資産

　減損の対象となる資産は以下のとおりである。

　有形固定資産、償却を行う無形資産等の固定資産、ファイナンス・リースとして資産計上している資産、貸手がオペレーティング・リースとして保有する資産、長期前払費用等

第2章　資産　*65*

Ｃ．減損の兆候

　固定資産について、回収できなくなる可能性を示す事象や状況変化が生じた場合に、減損の有無を検討しなければならない。

　以下は、減損の兆候の事象の例示である。
・資産の市場価値の著しい下落
・資産を使用する範囲又は方法の著しい変化又はその物理的状態の相当不利な変化
・資産の価値に影響を与える法的要因、規制の発生等
・資産の取得又は建設に要する総原価の予算に対する著しい超過
・当期及び過年度における営業損失、キャッシュ・フロー損失の傾向から継続的に損失が発生すると見込まれる状態
・耐用年数到来より相当前に売却される可能性が高い（50％超の可能性）

Ｄ．減損の算定

　減損の算定方法は以下の２つのステップから構成される。

　１．減損テスト（Impairment Test）

　　固定資産の簿価（Cost － Accumulated Depreciation）とその固定資産が生み出すと予想される割引前将来キャッシュ・フローを比較して、将来キャッシュ・フローの金額が低い場合、減損が生じていると判断される。

　２．減損損失の測定

　　上記１の減損テストで減損が生じていると判断された場合、帳簿価額と公正価値（Fair Value）との差額を当期の損失として計上する。

<図解>

仕訳は以下のとおりとなる。

```
Dr.   Loss on impairment      XXX
        Cr.   Accumulated depreciation      XXX
```

E．減損後の減価償却費

　減損の計上後は、減損後の簿価をベースに減価償却を開始する。また、将来、時価が上昇しても切り上げることはできない。

＊具体例＊
X5年度末、A社は近年の業績悪化により固定資産の減損の兆候があると判断した。
建物に関する情報は以下のとおりである。
取得原価　　＄100,000（X1年1月1日取得）
残存価額　　取得原価の10％
耐用年数　　30年
割引前将来キャッシュ・フロー　＄60,000
公正価値　　＄50,000

1．減損テスト

　(a)　X5年度末簿価

　　$100,000 －(($100,000 － $100,000 × 10％) × 5 / 30) ＝ $85,000

　(b)　割引前将来キャッシュ・フロー
　$60,000

　(a) ＞ (b)　従って、減損が生じていると判定

2．減損の計上

```
Dr.    Loss on impairment     35,000 (*1)
       Cr.    Accumulated depreciation     35,000
```

（1*）X5年度末簿価　$85,000 － 公正価値 $50,000 ＝ $35,000

3．減損後の測定

　A社は減損後、建物には残存価額はないものと判断した。減価償却は残りの残存耐用年数で償却するものとする。

　X6年度末の仕訳

```
Dr.    Depreciation expense     10,000 (*2)
       Cr.    Accumulated depreciation     10,000
```

（2*）減損後の簿価　$50,000 ÷ 残存耐用年数 5年 ＝ $10,000

　一度減損を実施した後に、時価が上昇した場合であっても減損の戻し入れはできないことに留意する必要がある（一部例外あり）。

　ただし、国際会計基準 (International Financial Reporting Standards)

においては、減損の戻し入れが認められている（ただし、過去に減損が生じなかったとした場合の帳簿価額までしか減損の戻し入れは認められていない）。

3. 無形資産（Intangible Assets）

(1) Definition（定義）

　無形資産とは、物的な実態が存在しない資産のことである。

　例えば、著作権（Copy Right）、商標権（Trademark）、特許権（Patent）など、実体としての形はないが、その権利を他人に使用させることにより収益を生むことのできる権利である。

　また、これ以外に、企業を買収（Merger and Acquisition）した場合の買収された企業が帳簿価額以上に持っていた収益力であるのれん（Goodwill）も無形資産に該当する。

(2) 無形資産の償却（Amortization of Intangible Assets）

　無形資産には大きく2つのパターーにより償却するかしないか変わってくる。

　　1. 経済的有効期間（Useful Life）が確定している場合
　　2. 経済的有効期間（Useful Life）が確定していない場合

　上記1. の経済的有効期間が確定している場合は、定額法でその期間内で償却が行われる。

　上記2. の経済的有効期間が確定していない場合は、償却は行われず、毎期1回以上の減損テストによって減損が発生している場合にのみ、減損を認識する。

第2章　資産　69

＊具体例＊

1. A社はX1年4月に特許権（Patent）を＄4,000で取得した。

```
Dr.   Patent    4,000
        Cr.   Cash    4,000
```

2. A社はX1年12月末の決算を迎えた。特許権の耐用年数は10年とする。

```
Dr.   Amortization expense    300 (*)
        Cr.   Patent             300
```

(*) ＄4,000 ×（9か月 /（10年× 12か月）= 120か月）= ＄300

☆ポイント

　無形資産の償却は、有形資産の減価償却のようにAccumulated Depreciationという評価勘定を使用せず、直接資産を減額させる。上記の場合、特許権（Patent）を直接減額させることになる。なお、償却費はDepreciationではなく、Amortizationを用いる。

4．研究開発費（Research & Development Cost）

⑴　研究開発費とは

　研究開発費（Research & Development Cost）は、新たな技術を開発するため、あるいは現在の製品の改良品やより効率的な別の製造方法を開発する過程で発生するコストをいう。

⑵　研究開発費の会計処理

　当該コストは将来生み出されるベネフィットと明確な関連付けが難しいため、発生した会計期間に全額費用計上することになっている。

⑶　研究開発費に含まれないもの

研究開発費に含まれないものには、以下のものがある。
- ①　商業用製品の品質管理（Quality Control）
- ②　定期的な検査・修理に関する処理費（Trouble shooting）
- ③　既存製品改良のための日常的業務（Routine）
- ④　通常の生産能力の範囲内（Existing Capability）で特別注文品等の製造により生じた費用

⑷　第三者のため支出した研究開発費

　自社以外の第三者に対して研究開発費を支出した場合、支出した研究開発費は費用として計上しないで、資産として計上する。例えば、政府や他者から依頼されて実施する研究開発を依頼された場合等、第三者の代わりに実施している場合がこれに該当する。

3. 投資 (Investment)

1. 投資証券 (Investment Securities)
   ⑴ **債務証券 (Debt Securities)**
   　債務証券とは、社債 (Bond) を代表的なものとして、連邦政府が発行する財務省証券 (Governmental Bond)、地方自治体が発行する地方債 (Municipal Bond) など、発行者が借金証書のようなものを発行し、購入者からお金を借り入れる仕組みを持った証券のことをいう。基本的に満期があり、発行者は利息とともに返済する義務がある。

   ⑵ **持分証券 (Equity Securities)**
   　持分証券の代表は株式である。株式は会社の所有権を代表する有価証券であり、具体的には、普通株式 (Common Stock)、優先株式 (Preferred Stock) などがあり新株引受権 (Warrants) などもこれに含まれる。

2. 債務証券 (Debt Securities)
   　債務証券への投資には、以下の３つのカテゴリーに分類される。
   ㈎　売買目的証券 (Trading Securities)
   ㈏　満期保有目的証券 (Held-to-maturity Securities)
   ㈐　売却可能証券 (Available for sale Securities)

㈎　**売買目的証券 (Trading Securities)**
   ⑴　売買目的証券とは
   　売買目的証券とは、キャピタルゲインを得ることを目的として、短期間のうちに売買を行う証券のことである。

   ⑵　売買目的証券の会計処理
   　売買目的証券は、短期売買によって利益を得ることを目的として保有するため、期末ごとに時価評価し、時価評価額と簿価とを比較

して、時価と簿価との差額を当期の損益として認識する。

すなわち、時価と簿価との差額を損益計算書（PL）の Unrealized Holding Gain（未実現評価益）又は Unrealized Holding Loss（未実現評価損）として、PL の Other Income（その他の収入）又は Other Expense（その他の費用）の区分に計上する。

㈠ 満期保有目的証券（Held-to-maturity Securities）

⑴ 満期保有目的証券とは

満期保有目的証券とは、購入者にその証券を満期まで保有する意思があり、また保有する能力もある証券のことである。

満期保有目的証券は、債務証券（Debt Securities）のみであり、持分証券（Equity Securities）は満期がないため該当しない。

⑵ 満期保有目的証券の会計処理

満期保有目的証券は Book Value（簿価）で計上する。簿価とは、（取得原価－償却額（Amortization））のことである。

一般的に、社債については市場価格と額面価額の差額については償却を実施していく。

市場価格が著しく下落し、回復の見込みがない場合には、減損処理を行う。

㈢ 売却可能証券（Available for sale Securities）

⑴ 売却可能証券とは

売却可能証券とは、短期売買を目的、又は満期保有目的のいずれにも該当しない証券のことである。

⑵ 売却可能証券の会計処理

売却可能証券は、期末ごとに時価評価し、時価評価額と簿価とを比較して、時価と簿価との差額を当期の損益として認識する。

売却可能証券の評価損益の計上すべき場所は、売却目的証券とは

第2章 資産　73

異なる。

　時価と簿価との差額は Unrealized Holding Gain（未実現評価益）又は Unrealized Holding Loss（未実現評価損）として、損益計算書（PL）ではなく、包括利益計算書の Other Comprehensive Income（その他の包括利益）に計上する。

　これは、売却可能証券は、短期間の売買で利益を得ることを目的として保有しているわけではないので、直接 PL へ計上すると投資家の判断を誤らせる恐れがあるためである。

　債務証券に対する投資の評価方法は以下のように要約される。

	証券の分類 Securities	期末の評価 Valuation	未実現保有損益 Unrealized holding gains/losses
②	売買目的証券 Trading	公正時価 Fair Value	純利益に算入 Recognized in net income
③	満期保有目的証券 Held-to-maturity	償却原価 Amortized Cost	認識しない Not recognized
④	売却可能証券 Available-for-sale	公正時価 Fair Value	その他の包括利益・その他の包括利益累計額（SE）に計上 Recognized as "Other comprehensive income" and "Accumulated other comprehensive income (SE)"

＊具体例＊

A社はX2年度末において以下の債務証券を有している。

Securities	取得原価 Cost	Market value X2年度末	Market value X1年度末
Trading	$100,000	$120,000	$90,000
Held-to-maturity	20,000	21,000	20,000
Available-for-sale	30,000	28,000	25,000

X2年度期末日の仕訳

1．Trading

```
Dr.   Trading security     30,000 (*1)
      Cr.   Unrealized gain       30,000
```

（*1）　X2年度末時価　$120,000 － X1年度末時価　$90,000
＝$30,000

2．Held-to-maturity

　　　仕訳なし

3．Available-for-sale

```
Dr.   Available-for-sale security     3,000 (*2)
      Cr.   Other comprehensive income     3,000
```

（*2）　X2年度末時価　$28,000 － X1年度末時価　$25,000
＝$3,000

なお、BS上、取得原価$30,000とX2年度末時価$28,000の差額$2,000がその他の包括利益累計額として計上される。

第2章　資産　75

3. 持分証券 (Equity Securities)

　持分証券 (普通株式) に対する投資の評価方法は、下記の持株比率の水準により異なってくる。

持株比率	影響力	会計処理
A. 20%未満	重要な影響力なし	原価法 (Cost Method)
B. 20%以上50%未満	重要な影響力あり	持分法 (Equity Method)
C. 50%超	支配	連結 (Consolidation)

A. 持株比率 20%未満の場合

　この場合、購入時点で次の3種類のうちどの区分に該当するか決定し、会計処理を実施する。

　　・Trading Securities (売買目的証券)
　　・Held-to-maturity Securities (満期保有目的証券)
　　・Available for sale Securities (売却可能証券)

　まず、被投資会社に対する重要な影響力があるか否か判断する。重要な影響力とは、被投資会社の経営方針や利益分配方法に関して、重要な行使力があることをいう。例えば持株比率が20%未満であっても、被投資会社の経営会議に参加したり、取締役会で経営の意思決定に重要な行使力があると認められる場合は、重要な影響力があると推測される。

B. 持株比率 20%以上 50%未満の場合

　この場合において、被投資会社の経営方針や利益分配方法に関して、重要行使力がある場合には、投資会社は被投資会社に対して重要な影響力があると考えられる。従って、持分法 (Equity Method) という会計処理を行う。

⑴ 持分法

持分法とは、投資会社が被投資会社の資本及び損益のうち投資会社に帰属する部分の変動に応じて、その投資の額を連結決算日ごとに修正する方法である。

持分法も連結も被投資会社の持分を投資会社の財務諸表に反映させる方法であるが、連結では「総額法」で連結するのに対し、持分法では「純額法」で連結するという点が異なる。連結は、完全連結（full consolidation 又は line by line consolidation）と言われ、持分法は、一行連結（on-line consolidation）と言われる。

① 利益の計上

被投資会社が利益又は損失を計上している場合、投資会社も株式の持分に応じてあたかも自分の利益や損失が生じたかのように会計処理をする。具体的には、被投資会社に利益が出た場合、持分に応じた利益を計上し、同額を Investment に加算する。一方、被投資会社に損失が出た場合は、持分に応じた損失を計上し、同額を Investment から減額させる。

仕訳例：

```
Dr.  Investment in A      XXX
        Cr.   Equity income from investment   XXX
```

② 配当金

被投資会社が配当金を支払っている場合、投資会社が受取った配当金については、投資勘定より減額させる処理を実施する。

仕訳例：

```
Dr.  Dividend income      XXX
        Cr.   Investment in A      XXX
```

第2章 資産　77

持分法では投資会社における投資勘定（例ではA株）は被投資会社の当期純利益／損失の持分相当額と連動して増減する。そのため被投資会社の配当支払は被投資会社の純資産の減少であり、投資会社の投資勘定も連動して減少させなければならない。

　通常持分法を実施していないパターンが多いため、持分法を考慮していない場合、投資会社が配当金を受け取った場合、次のような会計処理を実施している。

```
Dr.   Cash      XXX
         Cr.    Dividend income   XXX
```

　しかし、持分法を適用した場合は配当金受取時には上記のように「被投資会社の純資産の減少に連動して減少させる」ため、次のような仕訳を計上しなければならない。

```
Dr.   Cash      XXX
         Cr.    Investment in A    XXX
```

　従って、修正仕訳として、前ページのハイライトされた修正仕訳が必要になるのである。

　なお、上記の配当金を受け取った段階で投資勘定を減額させている場合は、決算修正は不要である。

```
＊具体例＊
A社は、X1年4月、C社の発行済み株式（10,000株）の30%を1株
20ドルで取得した。A社はC社に対する経営方針に重要な影響力を
与えることから、C社に対する投資について持分法を適用している。
```

1. 投資時

```
Dr.   Investment in C        60,000 (*1)
         Cr.    Cash                 60,000
```

（*1）発行済み株式 10,000 株 × 30% × $20 ＝ $60,000

2. X3 年度の C 社の純利益は $4,000 であった。

```
Dr.   Investment in C          1,200 (*2)
         Cr.   Equity income from P      1,200
```

（*2）純利益 $4,000 × 30% ＝ $1,200

3. X3 年度中に、A 社は C 社より配当金を 1 株 0.5 ドル受取って
   いた。

　A 社は配当金の受領時において、受取配当金（Dividend
income）として処理していた。よって、X3 年度末に必要な修正仕
訳を実施する。

```
Dr.   Dividend income        1,500 (*3)
         Cr.   Investment in C       1,500
```

（*3）受取配当金＝ 10,000 株 × 30% × $0.5　＝ $1,500

☆ポイント

　持分法（Equity Method）においては、期末時点で、Unrealized
holding gains（未実現評価益）又は Unrealized holding losses

第 2 章　資産　79

（未実現評価損）を認識しないため留意が必要である。

　また、上記の例で、30％保有していたとしても、被投資会社の経営委方針に重要な意思決定を及ぼさない等、重要な影響力がない場合は、持分法ではなく、原価法（Cost Method）を採用することになる。

(2)　段階的投資

　例えば、初年度に 10％の被投資会社の株式を取得し、翌年度に更に 10％の株式を追加投資した場合、翌年度に持分比率が 20％以上となり、重要な影響力を持つに至る場合がある。

　この場合、初年度は 10％の持分比率であるため原価法（Cost Method）が適用され、翌年度は持株比率が 20％のため持分法（Equity Method）が適用されることになる。このように段階的に投資した場合、追加取得により持分法が適用される場合には、過年度に遡って持分法が適用されることになる。

＊具体例＊
A 社は X1 年 1 月に S 社株式の 10％、翌年度の X2 年 1 月に更に S 社株式の 30％を追加取得し、重要な影響力を持つに至った。
A 社は配当金受領時において、Dividend Income（受取配当金）勘定を用いて処理している。
S 社の財務情報は以下のとおりである。

	X1 年度	X2 年度
1. 配当金の支払い 　（Dividends Paid）	$800	$1,200
2. 純利益（Net Income）	2,000	3,500

---

　1. X1 年度配当金受領時（Cost Method）

Dr.　Cash　　　80（*1）
　　　Cr.　Dividend income　　80

(*1) X1年度配当金 $800 × 10% = $80

2. 持分法へ修正仕訳

```
Dr.   Investment in S      120 (*2)
        Cr.   Retained earnings      120
```

(*2) 下記修正仕訳参照

X1年度に持分法を適用していたと仮定すると期末時点で以下の修正仕訳が計上されていたはずである。

```
Dr.   Dividend income      80
        Cr.   Investment in S      80
Dr.   Investment in S      200 (*3)
        Cr.   Equity income from S      200
```

(*3) X1年度純利益 (Net Income) $2,000 × 10% = $200

```
Dr.   Investment in S      120
        Cr.   Retained earnings (*4)      120
```

(*4) 過年度の損益修正のため、損益勘定ではなく、利益剰余金 (Retained Earnings) を用いる。

3. X2年度の修正仕訳

```
Dr.   Dividend income      360 (*5)
        Cr.   Investment in S      360
Dr.   Investment in S      1,050 (*6)
        Cr.   Equity income from S      1,050
```

(*5)　X2 年度配当金 $1,200 × 30％＝＄360

(*6)　X2 年度純利益（Net Income）$3,500 × 30％＝＄1,050

C. 50% 超の場合

　50%超の株式を保有している場合、Consolidation（連結）の対象となる。

　連結に関するトピックは、第 8 章参照のこと。

4．その他の投資

⑴　株式配当 (Stock Dividend) 及び株式分割 (Stock Splits)

①　株式配当 (Stock Dividend)

株式配当とは、現金の代わりに、株主が保有している株式と同じ額面の自社の株式を発行もしくは交付することによって実施される利益配当をいう。

株式配当により、株主からの追加出資はなく、被投資会社に対する持分比率は変動しないため、株式配当による株主側での仕訳は不要である。

②　株式分割 (Stock Splits)

株式分割とは、株式の額面を減額してその分株式数を増加させることをいう。

株式分割により、株主からの追加出資はなく、被投資会社に対する持分比率は変動しないため、株式分割による株主側での仕訳は不要である。

⑵　生命保険の解約返戻金 (Cash surrender value of life insurance)

会社は幹部役員 (Key employees) や役員 (Officers) の生命に被保険利益を有しているため、会社を受取人 (Beneficiary) として生命保険を掛けることができる。

積立金の生命保険を中途解約した場合、支払った掛金 (Premiums) のうち所定の積立金額部分の返還を受けることができるが、これを「解約返戻金 (Cash surrender value：CSV)」と呼ぶ。解約返戻金は、長期投資 (Long-term investment) として資産計上され、掛け捨て金の場合は、Insurance expense として全額費用処理がなされる。

仕訳パターンは以下のとおりとなる。

(A)：毎期の掛金支払時

```
Dr.    Cash surrender value        XXX
       Insurance expense           XXX (premium − CSV)
       Cr.   Cash                  XXX (premium)
```

(B)：毎期の配当金の受領

```
Dr.    Cash        XXX
       Cr.   Insurance expense (*)       XXX
```

　(*)保険証書(Insurance policy)に従って配当金を受領した場合、収益に計上するのではなく、保険料をマイナスする。

(C)：被保険者が死亡し、会社が保険金を受け取った場合

```
Dr.    Cash        XXX
       Cr.   Cash surrender value        XXX
             Gain on settlement of life insurance
                                         XXX (差額)
```

コーヒーブレーク①

①　会計基準の改訂

「在庫の低価法での Replacement Cost の利用中止（ASU 2015-11）」

1. 改訂の概要

　従来、US GAAP において在庫に低価法（LCM-Lower of Cost or Market）を適用する場合、market（市場）価格は、調達市場側に着目して原則 Replacement Cost（再調達原価）であるとされてきた。そして、Replacement Cost を調整するものとして NRV（Net Realizable Value：正味実現可能価格）が上限（ceiling）及び下限（floor）の算出に使われてきた。今回の変更で、市場価格は、原則として販売市場側に着目した NRV（正味実現可能価格）ということになり、Replacement Cost（再調達原価）は利用が中止された。

　この市場価格＝正味実現可能価格は IFRS（国際財務報告基準）及び日本基準も採用している考え方であり、コンバージェンスが一歩進んだともいえる。

2. 適用時期

　当該改訂は、2016年12月15日より後に開始する事業年度より適用される。また、早期適用も認められている。

第2章　資産　85

第3章
負債

1. 流動負債とは

流動負債（Current Liabilities）とは、1年あるいは営業サイクル期間のいずれかより長い方の期間内に支払われる貨幣性負債のことである。例えば以下のような項目が該当する。

① Short-term Loan Payable（短期借入金）
② Accounts Payable（買掛金）又は Notes Payable（支払手形）
③ Accrued Expenses（未払費用）
④ Dividends Payable（未払配当金）
⑤ Income Tax Payable（未払法人税等）

① Short-term Loan Payable（短期借入金）
Definition（定義）

借入金とは、企業が外部から調達した資金のうち、株式、社債以外の金融機関からの借入れ、又は特定の人からの借入金のことをいう。

通常、返済期日が貸借対照表日の翌日から起算して1年以内に到来するものが短期借入金（Short-term Loan Payable）に該当し、1年超の借入期間のうち、貸借対照表日の翌日から起算して1年以内に返済期日が到来する借入金を、1年以内返済予定長期借入金という。

一方、貸借対照表日の翌日から起算して1年超を超える返済期日が到来する借入金は、長期借入金（Long-term Loan Payable）として固定負債（Non-current Liabilities）の区分に計上される。

第3章 負債　87

② **Accounts Payable（買掛金）又はNotes Payable（支払手形）**
Definition（定義）

　　Accounts payable（買掛金）とは、掛取引によって商品を購入した場合に代金を支払う義務（債務）をいう。

　　このような債務を総称して仕入債務というが、当該債務について手形が存在する場合には、Notes Payable（支払手形）、それ以外には買掛金として区別される。

＊具体例＊
A社は商品を＄5,000で仕入れ、その代金のうち、＄2,000は掛けで、残りの＄3,000は手形を振り出して購入した。

```
Dr.   Purchase        5,000
         Cr.   Accounts payable    2,000
               Notes payable       3,000
```

③ **Accrued Expenses（未払費用）**
⑴ **Definition（定義）**

　　Accrued expenses（未払費用）とは、一定の契約に従い継続して役務の提供を受ける場合、既に提供された役務に対していまだその対価の支払が終らないものをいう。

⑵ **未払費用の例**

　　未払費用には、Accrued payroll（未払給与・未払賃金）、Accrued interest expense（未払利息）、Accrued payroll tax（未払社会保障税）等が含まれる。

```
＊具体例＊
A社のX1年3月の給与の詳細は以下のとおりである。
Total Payroll        ＄50,000（うち＄10,000は未払給与）
Federal income tax withheld（連邦源泉税）　＄6,000
FICA (Federal Insurance Contribution Act) tax
    ・・・・Payrollに対して7％
FICA taxに関して、雇用主は従業員負担分と同額を負担する。
Payroll taxは翌月15日に支払うものとする。
```

1．Payroll（従業員）の仕訳

```
Dr.   Payroll expense        50,000
      Cr.   Cash                    30,500（差額）
            Accrued payroll         10,000
            Income tax payable       6,000
            FICA tax payable         3,500（*1）
```

（*1）　Payroll $50,000 × 7％＝＄3,500

2．会社負担分税金費用の計上

```
Dr.   Payroll expense        3,500（*）
      Cr.   Cash             3,500
```

（*1）従業員負担税金費用と同額計上

第3章　負債　*89*

④ Dividends Payable（未払配当金）
Definition（定義）

Dividends Payable（未払配当金）は、取締役会により配当宣言されたが、まだ株主に支払われていない債務である。通常、1年以内に支払われるため、流動負債に該当する。

当該未払配当金の対象となるのは、現金配当のみであり、株式配当の未払いは、取締役会により取消可能なため負債とはみなされない。代わりに、株主持分の一部として分類される。

⑤ Income Tax Payable（未払法人税等）
Definition（定義）

Income Tax Payable（未払法人税等）は、会社の法人税等のうち、中間法人税等により支払った金額を除いた、まだ支払われていない債務をいう。

＊具体例＊

A社は、X1年度の利益に対する法人税等を$15,000計上した。そのうち、$8,000については中間で納付済みである。

Dr. Income tax expenses	15,000	
Cr. Prepaid income tax	8,000	
Income tax payable	7,000	

２．固定負債とは

　固定負債（Non-current Liabilities）とは、会計における負債のうち、以下のものをいう。

　通常の営業活動以外で発生する債務のうち、返済期日が貸借対照表日の翌日から起算して１年以内に到来しないもの（一年基準）

　通常１年を超えて使用される長期負債性引当金。退職給付引当金など。

　固定負債には以下のものが含まれる。
①　Long-term Loan Payable（長期借入金）
②　Bonds Payable（社債）
③　Accrued Pension Liabilities（退職年金引当金）
④　Lease Obligation（リース債務）

(1) **Long-term Loan Payable（長期借入金）**

　流動資産の区分の、Short-term Loan Payable（短期借入金）で説明したとおり、Long-term Loan Payable は、貸借対照表日の翌日から起算して１年超を超えて返済期日が到来する借入金のことである。

＊具体例＊
A社は、X銀行より、X1年に＄10,000借入れした。借入金の詳細は以下のとおりである。
借入金　　　　＄10,000
借入日　　　　X1年10月１日
借入期間　　　借入日より５年
借入利息　　　年3％（１年ごとに後払い）

第３章　負債　*91*

1．借入日の仕訳

```
Dr.   Cash                      10,000
      Cr.   Long-term loan payable   10,000
```

2．X1 年度決算日の仕訳

```
Dr.   Interest expense      150 (*)
      Cr.   Accrued interest expense   150
```

(*) 借入金＄10,000 × 3%×（6/12）＝＄150

⑵　Bonds Payable（社債）

1．Bond とは

Bond（社債）とは借入による資金調達の一つの形態である。企業が発行する借金証書の Bond は、市場で売買され、投資家は企業が発行した Bond を購入することにより、企業は資金調達を行う。

企業はこのようにして集めた資金を活用してビジネスを行い、その結果として得た利益を利息という形で投資家に還元するのである。

2．社債の種類

社債には、一般的に以下の 2 つのタイプに区分される。

①　Straight Bond（普通社債）

Straight Bond は、いわゆる普通の社債であり、Secured Bond（担保付社債）と、Unsecured Bond（無担保社債）に区分される。

担保付社債は、社債の償還期限が到来したとき、手持資金が償還資金より少ない場合、担保にしたものを売却することを約束している社債である。

② Non-straight Bond（普通社債以外の社債）

Non-straight Bond は、例えば Convertible Bonds（転換社債）や Bonds with Stock Warrants（新株予約権付社債）がある。

転換社債は、普通株式に交換できる権利が付いた社債である。

また、新株予約権付社債は、企業が新たに株を発行する場合に優先的に株式を購入できる権利が付与された社債である。

この両者の相違は、転換社債は転換権を行使すると、すべて普通株式に転換され元の社債はなくなるが、新株予約権付社債は、新たに株式を購入するため元の社債はそのまま残っているという点である。

3. 社債の発行

社債の発行形態には以下の2つの種類がある。

① 額面発行

② 割引（Discount）発行

③ プレミアム（Premium）発行

社債証券には、満期になったら償還する金額、及び満期までの間に支払われる利息が記載されている。

満期になったら償還される金額を額面価額（Face Value）という。

また、社債証券に記載されている利息を Stated Interest Rate 又は Coupon Rate という。一方、市場の一般的な利回りのことを Effective Interest Rate（実効税率）という。通常この利回りは国債の利回りのことである。

上記①から③の種類は、市場利回りと社債の利率との関係によって変化する。

第3章 負債 93

例えば、Bond に記載されている利率より、市場の利回りの方が高い場合、その国の国債を購入した方が有利である。この場合、社債を発行する企業は、低い利率を変更しないで、社債の額面より低い金額に割引（Discount）して発行する。これを、割引発行（Discount Issue）という。

一方、市場の利回りの方が低い場合、その社債が投資家にとっては魅力的に思える。この場合は、社債を発行する企業は、高い利率を変更しないで、社債の額面より高い金額で発行する。これを、プレミアム発行（Premium Issue）という。

以上をまとめると、以下のとおりとなる。

```
Coupon rate > effective rate ⇒ issue at premium
Coupon rate = effective rate ⇒ issue at par
Coupon rate < effective rate ⇒ issue at discount
```

＜仕訳例＞

1．割引発行（Discount Issue）

```
Dr.   Cash            XXX
      Bond discount   XXX
      Cr.   Bonds payable      XXX
```

2．プレミアム発行（Premium Issue）

```
Dr.   Cash            XXX
      Cr.   Bonds payable      XXX
            Bond premium       XXX
```

94

＊具体例＊

A社はX3年1月1日、期間5年、＄10,000の社債を発行した。表面金利は10％であったが、12％に上昇した。A社は額面の96％で売ることに決定した。

1. 社債発行時

```
Dr.    Cash              9,600 (*1)
       Bond discount      400
       Cr.    Bonds payable   10,000
```

(*1) 額面金額＄10,000 × 96％＝＄9,600

2. X3年度の利息の支払い

```
Dr.    Interest expense    1,000 (*2)
       Cr.    Cash              1,000
```

(*2) 額面金額＄10,000 ×表面利率10％＝＄1,000

3. X3年度決算修正

```
Dr.    Interest expense      80 (*3)
       Cr.    Cash              80
```

(*3) Discount issue $400 ÷ 5年＝＄80

☆ポイント

　割引勘定（Bond discount）は、負債である社債の評価勘定であり、社債勘定から控除して表示される。発行した時点では、A社は＄9,600しか支払義務はない。割引は低い表面利率の償いとなる買い手への実質的な追加利息であると考えられる。従って、割引勘定を減少させ、満期日にゼロにし、費用収益対応の原則に従って、社

第3章　負債　95

債の年数にわたって毎期償却していく。これを割引の償却という。

　上記の例では、5年後には割引勘定$400がゼロになり、社債勘定が額面金額になる。毎期償却額はInterest expenseに追加計上されることになる。

　割引勘定は社債の控除項目としての性質より、貸借対照表上、社債の額面から直接控除して表示される。

4. 社債発行費（Bond Issue Costs）

　社債発行費（Bond Issue Costs）には、印刷費、弁護士や会計士等への報酬、販売費など多くの費用が含まれる。

　社債発行費は、発行期に一度に費用処理するのではなく、一度Unamortized Bond Issue Cost（未償却社債発行費）として繰延資産に計上し、定額法（Straight Line Method）により満期まで毎期均等償却していき、償却額は利息費用（Interest expense）として処理する。

＊具体例＊
A社はX5年3月決算であり、X4年4月に社債発行し、印刷費、弁護士・会計士等への報酬費用、その他販売費合計$3,000支払った。社債発行費用は3年で償却する。

---

　1. 社債発行費用支払時

Dr.　Unamortized bond issue cost　　　3,000
　　　　Cr.　Cash　　　　　　　　　　　　　3,000

２．20X5年３月期決算時

```
Dr.   Interest expense   1,000 (*)
        Cr.   Unamortized bond issue cost      1,000
```

(*) 社債発行費用＄3,000 ÷ ３年＝＄1,000

　20X5年３月末の社債発行差金の未償却残高は、＄3,000 －
＄1,000 ＝＄2,000 となり、繰延資産として計上される。

　FASB が「社債発行費用の資産化の中止（ASU 2015-03）」を公
表したことにより、社債発行費用の繰延資産としての資産計上を認
めなくなった。なお、適用時期は、2015年12月15日より後に開
始する事業年度より適用可能となる。（詳細は、「コーヒーブレーク
②」を参照のこと）

(3) Accrued Pension Liabilities (退職年金引当金)

1. 年金会計

退職年金制度(Pension Plan)は、従業員の労働対価として企業が従業員の在職中に支払った拠出金(Contribution)を、年金基金(Pension Fund)という運用機関において運用し、従業員の退職後に当該年金基金の運用で得られた金額を加えたものを財源として従業員へ年金を支払っていく制度である。

年金会計の仕組みは以下の図のようになる。

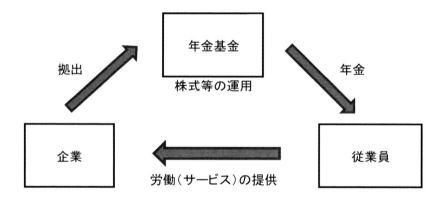

2. 退職年金のタイプ

年金制度には、大きく以下の2種類の制度がある。
① Defined Contribution Pension Plan (確定拠出型年金)
② Defined Benefit Pension Plan (確定給付型年金)

① Defined Contribution Pension Plan（確定拠出型年金）

　確定拠出型年金制度は、拠出額が決まっているが、給付額については運用次第で決定される制度である。これは従業員が運用リスクを負うことになる。

　日本においても401（k）という総称でこの制度が正式に取り入れられ、現在採用する企業も増えてきている。

　＜仕訳例＞

　1. 拠出金を年度末に支払った場合

```
Dr.　Pension expense　　XXX
　　　Cr.　Cash　　　　　　XXX
```

　2. 拠出金を会計期末に拠出しなかった場合

```
Dr.　Pension expense　　XXX
　　　Cr.　Accrued pension expense　XXX
```

　3. 2. の金額を拠出した場合

```
Dr.　Accrued pension expense　XXX
　　　Cr.　Cash　　　　　　　　　XXX
```

② Defined Benefit Pension Plan（確定給付型年金）

　確定給付型年金は、給付額が定まっており、確定拠出以外のタイプは全てこれに該当する。この制度では、企業が運用リスクを負っている。

　確定給付型年金では従業員の年金受取額が決定しているため、企業側は従業員が年金を受け取ることができる状態を維持する責任がある。従って、企業は年金基金の残高が退職後に支払うべき年金額になるように、資金を支払う債務を負っている。

第3章　負債　99

3．退職債務のタイプ

年金債務（Pension Obligation）には、以下の3つのタイプが存在する。

① PBO（Projected Benefit Obligation）

受給権のない従業員を含めてすべての従業員について、将来の昇給も見込んで退職時の給与額を算定し、これをベースとして期末時点での退職給付債務を算出する方法である。

企業は、PBO（従業員の昇給を見込んだ将来年金負債の現在価値）とPlan Assets（年金資産）のFair Market Value（市場公正価値）との差額について認識し、当該差額をBS上の年金負債として認識することが要求されている。

② ABO（Accumulated Benefit Obligation）

受給権のない従業員を含めてすべての従業員について、将来の昇給は考慮せず、現在の給与によって退職時の給与額を算定し、これをベースとして期末時点での退職給付債務を算出する方法である。

③ VBO（Vested Benefit Obligation）

受給権を獲得している従業員について、将来の昇給は考慮せず、現在の給与によって退職時の給与額を算定し、これをベースとして期末時点での退職給付債務を算出する方法である。

（イメージ図）

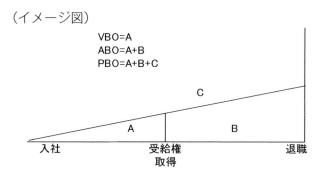

4．年金費用の算定

　年金費用（Pension expense）は、主に以下の数式により算定される。

年金費用＝下記①〜⑤の合計額
① 　（＋）Service Cost（当期勤務費用）
② 　（＋）Interest Cost on PBO（利子費用）
③ 　（±）Return on Plan Assets（年金資産の利回り）
④ 　（＋）Prior Service Cost Amortization（過去勤務費用の償却費）
⑤ 　（±）Actual Gain or Loss（実際運用益と期待運用益の差額）

---

① 　Service Cost（当期勤務費用）

　当期に従業員がサービスを提供したことによって発生したPBOの増加分の現在価値

② 　Interest Cost on PBO（利息費用）

　期首のPBOが1年で増加する金額であり、Interest Costは期首PBOにSettlement rateを掛けて算定される。

③ 　Return on Plan Assets（年金資産の利回り）

　年金の運用による年金資産の期首と期末の増減であり、次のいずれかの方法で算定される。

　A．Actual Return on Plan Assets

　年金資産の期首と期末の公正価値との差額で算定され、当期に年金資産からの従業員への支払い、及び企業の拠出金を考慮した金額である。

　以下の式で算定することができる。

Actual Return on Plan Assets＝期末Plan Assets＋Benefit paid
（今期支払い）－Contribution（今期拠出額）－期首Plan Assets

第3章　負債　*101*

この方法では、毎期実際のリターンが大幅に変動し、企業の業績に大きな影響を及ぼす恐れがあり、あまり実務上は使用されていない。

B. Expected Return on Plan Assets
　この方法は、年金資産から得られる期待利率を使用して算定する方法である。

　以下の式で算定することができる。

年金資産の期待利益額 (Expected return) ＝期首年金資産のFair Value ×年金資産の期待利率 (Expected rate of return)

---

④　**Prior Service Cost Amortization (過去勤務費用の償却費)**
　年金制度の改定があり、給付水準が引き上げられた場合は、以前の年金制度で計算されていた PBO との間に不足分の差額が生じる。この差額を Prior Service Cost (過去勤務費用) という。

　過去勤務費用は単年度で全額費用化すると影響が大きいため、平均残存勤務期間による定額法で償却する。

　この過去勤務費用は、発生時に Other Comprehensive Income (OCI) として処理する。そして毎期定額法により償却した金額は、OCI を取り崩す。

⑤ Actual Gain or Loss（実際運用益と期待運用益の差額）

主に次の２つの要因から構成される。

（ⅰ）年金資産の実際の運用益と年金資産から期待される運用益との
差額
　上記③の B. Expected Return on Plan Assets の方法を採用
している場合に算定される。

（ⅱ）上記（ⅰ）以外の数理計算上の差異

　数理計算上の差異については、Corridor Approach（コリドーア
プローチ）という方法が採用される。これは米国基準のみで日本基
準や IFRS ではない概念である。

＜コリドーアプローチ＞
　コリドーアプローチにおいて、企業は未認識数理計算上の差異を
従業員の平均残存勤務期間にわたり償却していく。ただし、当該償
却には次のような制限がある。

> 期首時点の未償却残高が、期首時点の次のいずれかの
> 数値の10％を超えていること。
> 　１．年金資産の市場公正価値
> 　２．予測給付債務（PBO）

> ＊具体例＊
> Ａ社のX1年期首時点の年金制度に関する情報は以下のとおりで
> ある。
> 予測給付債務（PBO）　　$40,000
> 年金資産の市場公正価値　　50,000
> 未認識数理計算上の差異　　6,000
> 平均残存勤務年数　　　　　10年

予測給付債務＄40,000 ＜ 年金資産の市場公正価値 $50,000
従って、コリドーは＄50,000 × 10％＝＄5,000
コリドー　＄5,000 ＜ 未認識数理計算上の差異　＄6,000
償却額＝（＄6,000 － ＄5,000）÷ 10 年＝＄100

　当該＄100 の償却費については、Other Comprehensive Income（その他の包括利益）から PL へ組替えられることになる。

```
Dr.    Pension expense      100
        Cr.    Other comprehensive income      100
```

　税効果会計を適用しない場合のその他の包括利益累計額の動きは以下のとおりである。

その他の包括利益累計額（AOCI）

| 期首残高 6,000 | 償却額 100 |
| | 期末残高 900 |

次に年金費用について簡単な問題を解いてみよう。

＊具体例＊
A社の退職給付年金制度に関する当期の状況は以下のとおりである。勤務費用はいくらになるか？

Service Cost	$200,000
Actual and expected gain on plan assets	70,000
Amortization of prior service cost	10,000
Annual interest on pension obligation	80,000
Amortization of Actual loss	10,000

答え：$230,000

$200,000 − $70,000 + $10,000 + $80,000 + $10,000
＝$230,000

1．勤務費用計上時

Dr.　Pension expense　　230,000
　　　Cr.　　Accrued pension expense　230,000

2．A社は年金基金に対して、$100,000 拠出した。

Dr.　Accrued pension expense　　100,000
　　　Cr.　　Cash　　　　　　　　　100,000

3．年金基金から退職者に$150,000 支払われた。
　仕訳なし

第3章　負債　105

⑷ Lease Obligation（リース債務）

1. リース取引

　リース取引とは、固定資産を第三者にある一定の期間貸して、借り手から賃料を得るビジネスをいう。

　リース取引では、固定資産を貸す側を Lessor（貸し手）、借りる側を Lessee（借り手）と呼ぶ。

2. リース取引の種類

　リース取引の種類には、取引を単に賃貸とみるか、販売と同等と捉えるかによって、大きく2つの種類がある。

① Operating Lease（オペレーティング・リース）
② Capital Lease（キャピタル・リース）

　法的には、所有権は賃貸ビジネスにおいて、常に Lessor（貸し手）側にある。ところが、米国会計基準において、賃貸される資産の実質的な所有権が Lessee（借り手）に移転しているかを重視し、実質的に所有権が借り手に移転していると認められる場合には、法的な所有権に関係なく、会計上所有権が借り手に移転しているとみなして会計処理を行う。

　（図解）リース取引の分類

Benefit and Risk	Lessee（借り手）	Lessor（貸し手）
Lessor （貸し手に帰属）	Operating Lease （オペレーティング・ リース）	Operating Lease （オペレーティング・ リース）
Lessee （借り手に帰属）	Capital Lease （キャピタル・リース）	Sales type Lease Direct Financing Lease

① Operating Lease（オペレーティング・リース）

Operating Lease（オペレーティング・リース）は、賃貸借取引である。所有権は常にLessor（貸し手）にあり、固定資産の減価償却費もLessor側で実施する。

Lessee（借り手）側では、賃貸料について費用として処理する。

＜貸し手側＞

賃貸期間にわたり、賃貸料を発生主義により収益として処理する。前受賃貸料がある場合、Unearned Rentとして負債計上し、賃貸期間に応じて収益を分配計上する。

＜借り手側＞

賃貸期間にわたり、賃貸料を発生主義により費用として処理する。前払賃貸料がある場合、Prepaid Rentとして資産計上し、賃貸期間に応じて費用を分配計上する。

＊具体例＊
X1年10月1日、A社（Lessee）はB社（Lessor）と機械をリースする契約を締結した。年間リース料は＄5,000であり、毎期10月1日に1年分を前払している。決算日は3月31日とする。

（借り手側）
1．X1年10月1日

```
Dr.   Prepaid expense   5,000
   Cr.   Cash              5,000
```

2．X2年3月31日（決算日）

```
Dr.   Lent expense   2,500 (*1)
   Cr.   Prepaid expense   5,000
```

第3章 負債 107

(*1) 年間リース料＄5,000 × 6/12 ＝ ＄2,500

（貸し手側）

1．X1 年 10 月 1 日

```
Dr.   Cash          5,000
   Cr.    Unearned rent    5,000
```

2．X2 年 3 月 31 日（決算日）

```
Dr.   Unearned rent    2,500 (*1)
   Cr.    Rent revenue      5,000
```

(*1) 年間リース料＄5,000 × 6/12 ＝ ＄2,500

② Capital Lease（キャピタル・リース）

Capital Lease（キャピタル・リース）は、賃貸取引を売買処理とみなして会計処理を行う。あくまでも法的な所有権はLessor（貸し手）にあるが、実質的な所有権がLessee（借り手）に移転したと認められるような取引の場合には、実質的な判断により会計処理を行う方が、より経済的な実態が明らかになり、企業の収益力をより正確に表示することができる。

キャピタル・リースに該当するかを判断するために、以下の４つの条件のうち、1つでも満たす場合、借り手側ではキャピタル・リースとして取り扱う。

i）リース期間終了後にリース資産の所有権が借り手に移転する契約内容がある場合。
ii）リース期間終了後にFair Market Valueよりかなり安い価格でリース資産を購入する権利が借り手に与えられる場合（Bargain Purchase Option）

ⅲ）リース期間がリース資産の耐用年数の75％以上あること
Ⅳ）リース料支払額の現在価値がリース資産の公正市場価値の90％以上あること

次に借り手側の Capital Lease の実際の会計処理を見ていく。

A．リース開始時

Present Value (PV) of Minimum Lease Payment（最低リース支払額の現在価値）を計算し、下記の仕訳を計上する。

Dr.　Lease assets　　XXX
　　Cr.　Lease obligation　　XXX

PV of Minimum Lease Payment（最低リース支払額の現在価値）は以下の数式で算定される。

PV of Minimum Lease Payment（最低リース支払額の現在価値）＝
＋PV of Rental Payment (annuity)　リース支払料の現在価値 (*1)
＋PV of Bargain purchase option　　割引購入権の現在価値 (*2)
＋PV of Guaranteed Residual Value　残価保証の現在価値 (*3)

（*1）　PV of Rental Payment のリース支払料には、Property Tax（資産税）、Insurance（支払保険料）、Repair & Maintenance（修繕費用）は含まれない。

（*2）　Bargain purchase option（割引購入権）とは、リース期間終了時点において、市場価格より実質的にかなり低い価格でリース資産を購入できる権利のことである。

（*3）　Guaranteed Residual Value（残価保証）とは、借り手が

第3章　負債　*109*

リース資産の返却時にリース資産の価値がかなり低下するのを防ぐために、借り手が保証している価値の金額である。リース資産返却時、資産が残価保証に満たない場合、差額を借り手が支払う義務を負う。

PV of Minimum Lease Payment（最低リース料の現在価値）の各要素を計算するとき、現在価値に割り引くための Discount Rate は、借り手の Incremental Borrowing Rate（限界借入利子率）と、もし借り手が分かっていれば貸し手の Implicit Rate（包括利子率）のいずれか小さい方を使用する。

B．リース料支払時

リース料支払時において、リース債務残高に対する実効利子率（上記 A で算定された利子率）を掛けた金額が Interest expense（支払利息）として計上され、支払額と利息との差額は Lease Obligation（リース債務）の減少金額となる。

```
Dr.    Interest expense    XXX (*)
       Lease obligation    XXX（差額）
       Cr.    Cash              XXX
```

（*）Book Value of Obligation（リース債務残高）× Effective interest rate（実効利子率）

C．期末日の会計処理

Capital Lease（キャピタル・リース）において、借り手はリース資産に対する減価償却費を計上する必要がある。ただし、上記で見た 4 つの条件によって、償却期間が異なるため留意が必要となる。

ⅰ）リース期間終了後にリース資産の所有権が借り手に移転する契約内容がある場合

ⅱ）リース期間終了後にFair Market Valueよりかなり安い
価格でリース資産を購入する権利が借り手に与えられる場
合（Bargain Purchase Option）

　上記2要件の場合、最終的に借り手が所有者になるため、リース
資産の経済的耐用年数で償却を実施する。

ⅲ）リース期間がリース資産の耐用年数の75％以上あること
Ⅳ）リース料支払額の現在価値がリース資産の公正市場価値の
90％以上あること

　上記2要件の場合、最終的にリース資産を返却するため、リース
期間で償却を実施する。

＊具体例＊
A社は以下の条件でB社から機械をリースした。
年間リース料　　　$5,000
リース開始時のリース資産の公正価値　$35,000
リース資産の経済的耐用年数　15年
リース期間　　　10年
借り手のIncremental Borrowing Rate（限界借入利子率）10％
貸し手のImplicit Rate（包括利子率）11％
The PV of an annuity due of 1 for 10 periods at 10%　　6.759
The PV of an annuity due of 1 for 10 periods at 11%　　6.573

Step1　Operating lease or Capital Lease の判断
　1. 所有権移転の有無　　　　該当なし
　2. 割引購入権の有無　　　　該当なし
　3. Useful Life の75%　　　15年×75%＝11.25年
　　　　　　　　　　　　　　　＞リース期間10年
　　　　　　　　　　　　該当なし
　4. FV の90%　　　　　　　$35,000×90%＝$31,500
　　支払リース料の現在価値　$5,000×6.759（*1）＝$33,795

第3章　負債　*111*

$31,500 ＜ $33,795　　　　OK

（*1）限界借入利子率　10％＜包括利子率　11％　よって、6.759

　以上、4の条件を満たすため、当該取引はキャピタル・リースである。

Step2　Minimum Lease Payment の現在価値の算定
　上記 Step 1 より支払リース料の現在価値　$33,795

Step3　リース資産の計上
　リース資産は、リース開始時の公正価値と支払リース料の現在価値のいずれか小さい方である。
　支払リース料現在価値　$33,795
　＜リース資産公正価値　$35,000
　従って、リース資産計上額は、$33,795 である。

```
Dr.　Machine　　33,795
　　　　Cr.　　Lease obligation　　33,795
```

Step4　リース料の支払い

```
Dr.　Interest expense　　3,380（*2）
　　　Lease obligation　　1,620（差額）
　　　　Cr.　　Cash　　　　　5,000
```

（*2）リース債務残高 $33,795 × 10% ≒ $3,380

Step5　減価償却費の計上
　上記ステップ 1 より、4. の Fair value の 90%基準を満たす。

従って、リース期間で償却を実施する。

```
Dr.    Depreciation expense        3,380 (*3)
        Cr.      Accumulated depreciation        3,380
```

(*3) リース資産取得原価＄33,795 ÷リース期間 10 年
　　　 ≒＄3,380

　次に貸し手側の Capital Lease の会計処理を見ていく。

貸し手の会計処理には、2 つのタイプがある。
①　Direct Financing Lease（直接金融型リース）
②　Sales Type Lease（販売型リース）

①　Direct Financing Lease（直接金融型リース）
　Direct Financing Lease は、貸し手が金融機関（銀行、保険会社、リース会社等）である場合のリースである。貸し手は借り手が固定資産を購入するために必要な資金を融資しているような状況となっている。従って、貸し手は資金を融資して利息を得ることを目的としている。
　仕訳は Capital Lease の借り手の仕訳の逆となり、貸し手は売上総利益を計上しない。

②　Sales Type Lease（販売型リース）
　Sales Type Lease は、メーカーや商社が販売の一形態として行うリースである。販売と同様の仕訳を行い、売上総利益を計上する。併せて長期にわたり回収するため、リースによる受取利息の処理も実施する。

第 3 章　負債　113

＜仕訳例＞

1．販売時

```
Dr.    Lease receivable     XXX
       Cr.    Sales                  XXX
              Unearned interest      XXX
Dr.    COGS            XXX
       Cr.    Inventory              XXX
```

Sales 及び COGS の計上により売上総利益が計算される。

2．期末時点

```
Dr.    Cash                      XXX
       Unearned interest         XXX
       Cr.    Lease receivable       XXX
              Interest income        XXX
```

3．Sales & Leaseback（セールス＆リースバック）

　セールス＆リースバックは、現在所有し、使用している固定資産を売却し、売却後もそのまま使い続けるリース契約を同時に結ぶ取引である。

　セールス＆リースバックは、借り手側で固定資産の所有権を失うが、そのまま使用し続けることができ、売却による Cash が入ってくるため、これを新たな投資に回すことが可能となる。

コーヒーブレーク②

②　会計基準の改訂

「社債発行費用の資産化の中止（ASU 2015-03）」

1．改訂の概要

社債（債務）発行費用については、これまで繰延資産として資産計上した上で、利息費用として償却されていた。しかし、FASB（米国会計基準委員会）が公表したASU（Accounting Standards Update-会計基準更新書）2015-03において、社債発行費用には資産性はないと結論し、社債発行差金と同様に債務の額から控除すべきであるとした。このため社債発行差金と同様の表示と会計処理がなされ、社債発行費用は貸借対照表上、負債の金額からの控除項目となり、利息費用として償却されるにつれて、貸借対照表上の債務の金額が額面金額に近似してくることになる。

なお、日本の会計基準では、依然、社債発行費は繰延資産に計上できるとされているが、IFRS（国際財務報告基準）も債務発行費を債務の額からの控除項目として扱っており、今回の米国基準の変更の影響が注目される。

2．適用時期

2015年12月15日より後に開始する事業年度より適用され、早期適用も可能である。

第3章　負債　*115*

第4章
株主資本

(1) 株主資本の構成

株主資本の構成の全体像は、以下のとおりである。

Stockholder's Equity (株主資本カテゴリー)
Contributed Capital　(拠出資本)
　Common Stock (普通株式)
　Preferred Stock (優先株式)
　Additional Paid In Capital (APIC) (資本剰余金)
Retained Earnings (利益剰余金)
Accumulated Other Comprehensive Income (その他の包括利益)
　Foreign Currency Translation Adjustment (外貨換算調整)
　Unrealized Holding Gain /Loss on A/F/S (売却可能証券未実現利益)
　Pension Adjustment (年金にかかる調整額)
Treasury Stock (自己株式)

---

(2) 株式の種類

株式には大きく分けて Common Stock (普通株式) と Preferred Stock (優先株式) の２つに分けられる。

① Common Stock (普通株式)

Common Stock (普通株式) とは、株主総会で議決権を行使できる権利である。経営に参加したり、配当を受け取る権利を有する。

額面金額がある株式を額面金額以上の金額で発行した場合、その差額は、Additional Paid In Capital (APIC) という資本剰余金勘定を使用する。

第４章　株主資本　*117*

② Preferred Stock（優先株式）

Preferred Stock（優先株式）とは、配当金や会社清算時に優先権を持つ株式である。一般的に配当率について、額面の何パーセント、又は1株あたり何ドルというように発行時に決定される。

(3) 株式発行の会計処理

Common Stock（普通株式）の発行時の仕訳は以下のとおりとなる。

```
Dr.  Cash            XXX（実際の発行価格）
     Cr.   Common stock     XXX（額面金額×株数）
           Additional paid in capita （APIC）
                            XXX（差額）
```

```
＊具体例＊
A社は額面＄100の普通株式2,000株を1株当たり＄120で発
行した。
```

発行時仕訳

```
Dr.  Cash    240,000（*1）
     Cr.   Common stock    200,000（*2）
           APIC             40,000（差額）
```

（*1）発行価額＄120×普通株式数2,000株＝＄240,000
（*2）額面価額＄100×普通株式数2,000株＝＄200,000

(4) 株式発行費

株式発行に関連して発生したStock Issue Cost（株式発行費）は、Expenseを使用しないで、Additional Paid In Capitalを控除する。

株式発行費用には、Printing Expense（印刷費用）、Attorney's Fee（弁護士費用）、Underwriter's Fee（証券会社の報酬）、Accountant Fee（会計士の報酬）などが含まれる。

仕訳は以下のようになる。

```
Dr.   APIC      XXX
        Cr.     Cash    XXX
```

☆ポイント

　日本基準では原則として、株式発行費用は支出時に費用（営業外費用）として処理する。ただし企業規模の拡大のためにする資金調達などの財務活動（組織再編の対価として株式を交付する場合を含む。）に係る株式交付費については、繰延資産に計上することができ、3年以内に毎期均等額以上の償却を実施する。

＊具体例＊
上記(3)の株式発行の際に、印刷費用＄20,000、弁護士報酬＄5,000、証券会社に対する報酬＄3,000かかった。

株式発行費用計上時

```
Dr.   APIC      28,000 (*)
        Cr.     Cash       28,000
```

　(*)　＄20,000＋＄5,000＋＄3,000＝＄28,000

(5) 自己株式 (Treasury Stock)

　自己株式は、すでに市場で発行した自社の株式を買い戻した場合の株式のことである。これは、敵対的買収を防いだり、1株当たり利益（EPS）を高めるためである。

　自己株式の会計処理には、以下の2つの方法がある。
　①　原価法 (Cost Method)
　②　額面法 (Par Value Method)

第4章　株主資本　119

① **原価法 (Cost Method)**

原価法は、自己株式の買戻し価額で Treasury Stock を計上する方法である。

(仕訳例)

額面価格＄100、発行価格＄150、買戻し価額＄120 の場合

1. 株式発行時

```
Dr.   Cash      150
      Cr.   Common stock    100
            APIC - CS        50
```

2. 自己株式買戻し時

```
Dr.   Treasury stock    120
      Cr.   Cash              120
```

3. 再売却時 (＄130 で売却)

```
Dr.   Cash            130
      Cr.   Treasury stock    120
            APIC - TS          10
```

② **額面法 (Par Value Method)**

額面法 (Par Value Method) では、額面価額で Treasury Stock を計上する。

(仕訳例)

額面価格＄100、発行価格＄150、買戻し価額＄120 の場合

1. 株式発行時

```
Dr.   Cash      150
   Cr.    Common stock    100
          APIC – CS        50
```

2. 自己株式買戻し時

```
Dr.   Treasury stock    100
      APIC - CS          50
         Cr.   Cash               120
               APIC - TS           30（差額）
```

3. 再売却時（＄130 で売却）

```
Dr.   Cash             130
      Cr.   Treasury stock    100
            APIC - TS          30（差額）
```

⑹ その他の包括利益（Other Comprehensive Income）

1. 包括利益

　　包括利益を表示する目的は、期中に認識された取引及び資本取引を除く経済的事象により生じた純資産の変動を報告することにある。

2. 包括利益の表示

　　包括利益の表示により、財務諸表利用者が企業全体の事業活動について検討するのに資する情報を提供し、期末の財政状態と当期中の活動のすべての連携、すなわち、貸借対照表との連携を明示することによって、財務諸表の理解可能性及び比較可能性を容易にするものと考えられる。

第 4 章　株主資本　*121*

包括利益の貸借対照表および包括利益計算書との関連を示すと以下のとおりとなる。

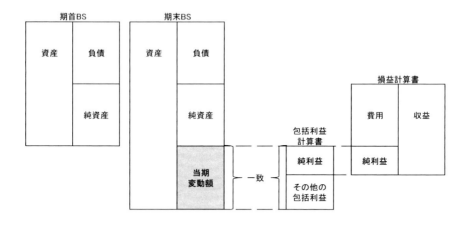

　包括利益計算書のうち、当期純利益以外の株主資本取引以外の取引より生じた利益を Other Comprehensive Income（その他の包括利益）といい、当期純利益と同様、貸借対照表上の純資産の部に含まれる。

3．その他の包括利益（Other Comprehensive Income）

　その他の包括利益（Other Comprehensive Income, OCI）には以下の項目が含まれる。

A. Foreign currency translation adjustment（外貨換算調整額）
　　⇒第9章 5.外貨換算参照のこと
B. Unrealized holding gains and losses on available-for-sale securities（未実現損益/売買可能有価証券）
　　⇒第2章 3. 投資（Investment）参照のこと
C. Pension adjustment（年金にかかる調整額）
　　⇒第3章 2.（3）Accrued Pension Liabilities（退職年金引当金）参照のこと

（包括利益計算書のイメージ図）

Comprehensive Income Reporting

Net Income			$XXX
Other Comprehensive Income:		XXX	
Foreign currency adjustments, net of tax of $XXX			
Unrealized Gain/Loss on Marketable Securities:			
Unrealized holding gain/loss arising during period,			
net of tax of $XXX	XXX		
Reclassification adjustment,			
net of tax of $XXX, for gain/loss included in net	XXX	XXX	
Pension adjustment, net of tax of $XXX		XXX	XXX
Comprehensive Income			$XXX

第 4 章　株主資本　*123*

第5章
損益

1. 収益の認識

収益は発生主義により認識され、以下の２つの状況を前提に判断される。

a) Realized or realizable (i.e. payment or the right to payment)
収益の実現。商品又はサービスの提供が行われ、相手に対してその対価を請求する権利が発生した状況。

b) Earned (i.e. substantially all of the necessary work has been done)
収益の獲得。相手に対して商品を引き渡した、又はサービスの提供が行われたこと。

＊具体例＊
X1年５月、A社は、B社に対し、商品を＄5,000で販売する契約を締結した。

１．A社がB社から前受金20%（＄1,000）を受領した時

```
Dr.   Cash            1,000
          Cr.   Advanced receipt        1,000
```

２．X1年10月、A社はB社へ商品を引き渡し、残金は掛けとした。

```
Dr.   Advanced receipt      1,000
      Accounts receivable   4,000（差額）
          Cr.   Sales                  5,000
```

新しい収益認識基準「顧客との契約から生じる収益」(Revenue from Contracts with Customers)が、FASBとIASBの共同プロジェ

第5章　損益　*125*

クトにより公表された（詳細は、「コーヒーブレーク③」参照のこと）。

２．工事契約

工事契約にかかる収益認識には２つの種類がある。
① 工事完成基準
② 工事進行基準

① **工事完成基準（Completed-Contract Method）**

　工事完成基準では完成時に収益を認識し、工事期間中はいっさい収益を認識しない。建設中のコストは、Construction in Process という勘定で資産計上（棚卸資産）しておく。

　支払請求額については、Dr. に Accounts Receivable を計上するとともに、Cr. には Billing in Construction（未完成工事未収金）という未収金勘定（Construction in Process の対照勘定）を計上する。

＊具体例＊
Ａ社はＸ1年４月、Ｂ社の建物の工事を＄500,000で請け負った。
工事はＸ2年度に完成した。
工事に関する情報は、以下のとおりである。

	Ｘ1年度	Ｘ2年度
建設コスト	＄200,000	＄150,000
請求額	300,000	200,000
現金回収額	150,000	150,000

（Ｘ1年度）

　1．建設コスト計上時

Dr.　Construction in process　　200,000
　　　Cr.　Cash　　　　　　　　　　200,000

2．請求時

```
Dr.   Accounts receivable    300,000
      Cr.   Billings on construction    200,000
```

3．現金回収時

```
Dr.   Cash           150,000
      Cr.   Accounts receivable    150,000
```

（X2 年度）

1．建設コスト計上時

```
Dr.   Construction in process    150,000
          Cr.   Cash              150,000
```

2．請求時

```
Dr.   Accounts receivable    200,000
      Cr.   Billings on construction    200,000
```

3．現金回収時

```
Dr.   Cash           150,000
      Cr.   Accounts receivable    150,000
```

4．工事完成時

```
Dr.   Construction expense      350,000
      Cr.   Construction in process   350,000 (*1)
Dr.   Billing on construction     500,000 (*2)
      Cr.   Construction revenue      500,000
```

(*1) X1 年度 $200,000 ＋ X2 年度 $150,000 ＝ $350,000

(*2) X1 年度 $300,000 ＋ X2 年度 $200,000 ＝ $500,000

第 5 章　損益　127

② **工事進行基準** (Percentage of Completion Method)

　工事進行基準では、毎期末に認識すべき収益について、下記で算定された金額を計上する。

収益＝（現在までの原価÷最新の見積総原価）＜工事進捗率＞
　　　×契約金額　－　現在までに認識された収益

　工事進行基準では、工事完成基準の仕訳に加えて、下記の仕訳が必要となる。

Dr.　　Construction in process　　XXX
　　　　Cr. Income from construction　　XXX

＊具体例＊
上記工事完成基準の例題を用いて検討する。

（X1 年度）

　1．～3．工事完成基準と同様

　4．工事収益認識

　Dr.　Construction in process　　285,714
　　　Cr. Income from construction　285,714（*1）

　（*1）　収益＝（＄200,000÷（＄200,000＋＄150,000））
　　　　　　　×＄500,000－0≒＄285,714

（X2 年度）

　1．～3．工事完成基準と同様

　4．工事完成時

Dr.　Construction in process　　214,286（*2）
　　Cr.　Income from construction　　214,286
Dr.　Billing on construction　　500,000（*3）
　　Cr.　Construction in process　　　500,000

(*2) $500,000 － X1 年度 $285,714 ＝ $214,286

(*3) 相殺仕訳

3．割賦販売基準

　Installment sales method（割賦販売基準）において、通常の販売活動と比較して現金回収の見込みが少ないため、収益認識においては特別な方法が採用される。

　その方法は、未回収債権に対する売上総利益を先に繰延し、現金の回収ごとに未回収債権に対する売上総利益を認識する方法である。繰延時には、Cr. に Deferred Profit という勘定科目を計上し、現金回収時には、Realized Gross Profit に振替処理を実施する。

＊具体例＊
A 社の割賦販売に関する情報は以下のとおりである。

	X1 年度	X2 年度
Installment Sales	$ 300,000	$ 500,000
Cost of Goods Sold	240,000	350,000
Gross Profit	60,000	150,000
GP％	20％	30％
Cash received on 2002 sale	150,000	100,000

（X1 年度）

1．Sales 及び COGS の認識

```
Dr.   Accounts receivable   300,000
        Cr.   Sales                 300,000
Dr.   COGS              240,000
        Cr.   Inventory             240,000
```

第 5 章　損益　*129*

この時点ではまだ売上総利益＄60,000 は認識できないため、この利益を繰り延べる必要がある。

```
Dr.    Sales          300,000
       Cr.    COGS                240,000
              Deferred gross profit    60,000
```

２．現金回収時

```
Dr.    Cash          150,000
       Cr.    Accounts receivable    150,000
```

３．売上総利益の認識

```
Dr.    Deferred gross profit       30,000 (*)
       Cr.    Realized gross profit   30,000
```

(*) 現金回収額＄150,000 ×利益率 20％＝＄30,000

　PL においては、Realized Gross Profit が＄30,000 計上される。
　なお、BS においては、下記のとおり計上される。

Accounts Receivable	＄150,000（＄300,000 －＄150,000）
Less Deferred	
Gross Profit	30,000 （＄60,000 －＄30,000）
Net Receivable	＄120,000

4．非経常損益項目

⑴　非経常損益項目

　下記の2つの項目は、損益計算書上、経常損益項目と区別して報告することが必要となる。当該項目を非経常損益項目という。

① 非継続事業項目に伴う損益(Income or Loss from Discontinued Operation)
② 特別損益 (Extraordinary Gains or Losses)

① 非継続事業項目に伴う損益(Income or Loss from Discontinued Operation)

　企業には、製品別、地域別等様々な事業部門が存在しており、通常は、当該部門ごとに裁量権が付与されており、1つの部門が利益に対して責任を負う単位として機能していると考えられる。

　ある部門の採算が悪化した場合、経営者は当該事業部の閉鎖、切り捨て、あるいは他部門との統合、売却等により事業や事業資産の再構築・廃止をすることになる。

　以下に該当するものが、非継続事業となる。

1．企業の構成単位または構成単位グループのうち、以下の2つの要件を両方満たすもの
　　a) 処分されたか、売却目的保有に分類するための要件を満たすか、あるいは放棄または分離された
　　b) 企業の営業及び財務成績に重要な影響を与える（または与えることが予想される）戦略の変更を伴う

2．取得時に売却目的保有に分類される要件を満たす事業または非営利活動

第5章　損益　*131*

② 特別損益 (Extraordinary Gains or Losses)

特別損益項目とは、以上かつ臨時的な性質を持つ項目をいう。

次の２つの要件を満たす重要な事象又は取引から生じた損益は、非経常損益項目として、Discontinued Operation (非継続事業) の次に別の区分を設けて表示する必要がある。

---

a) 異常な性質を有していること (Unusual in Nature)
b) 発生の可能性が非常に低く、臨時的であること (Infrequent in Occurrence)

特別損益項目の例は以下のとおりである。

a. 災害によって生じる損失 (Loss from Casualties)

b. 外国政府による資産没収によって引き起こされた損失 (Loss from Expropriation of Assets)

c. 新たな法規制に基づく禁止令 (Prohibition under a Newly Enacted Law or Regulation)

特別損益項目は、損益計算書上、該当する税額 (税効果を考慮した) 後の金額でもって表示する。

なお、下記に該当するものは特別損益として取り扱われず、経常損益計算区分に記載される。

A. 資産の売却損益 (Gain or Loss on Sales of Fixed Assets)

B. 資産の評価切り下げ・滅失によって生じる損失 (Write-down or Write-off of Assets)

C. 為替差損益 (Gain or Loss from Exchange of Translation of Foreign Currencies)

D. 従業員のストライキによって生じる損失 (Effects of Strike)

E. ローンの期限前返済 (Prepayment)

コーヒーブレーク③

③　会計基準の改訂

「顧客との契約から生じる収益」（Revenue from Contracts with Customers）

1. 改訂の概要

　2014年5月、FASB（米国財務会計基準審議会）とIASB（国際会計基準審議会）のジョイント・プロジェクトとして10年以上に渡り作業が進められてきた収益認識基準がようやく公表された。正式名である「顧客との契約から生じる収益」（Revenue from Contracts with Customers）は、収益の認識に関して初めての包括的な会計基準となる。
以下新しい基準と現行基準の比較を実施するとともに、新しい収益認識基準の5つのステップについて検討する。

(1)　現行の収益認識基準

　収益の認識に関する概念規定のようなものは、1980年代のConceptual Framework（SFAC No. 5、No.6）で提示されていた。しかし、概念規定のため実務での適用にはあまり適さず、一般に収益認識の規程として機能してきたのは、SEC（証券取引委員会）が1999年にそのスタッフ用に出した通達SAB（Staff Accounting Bulletin）101（2003年にSAB 104で改変）である。そこには、収益を認識できる場合として、以下の要件が規定されている。

1) 説得力ある取決めが存在すること
2) 物品の引渡し、または役務の提供が完了していること
3) 売価が確定している、または決定可能であること
4) 回収可能性が相当あると見込めること

第5章　損益　*133*

これらは、通常の会計基準のようにFASB等での検討過程を経ていないものである。このため、正当な手続きが欠如されているとしてその正統性が一部で問題になっていた。また、引渡し（delivery）の定義に関しては、現行のUS GAAPは分野別、産業別に過去から個別的に積み上げられてきた規程が多数存在し、問題視されていた。

(2)　新基準のフレームワーク

　新基準では、そのような混乱した状態のUS GAAPを「顧客への約束された財又は役務の移転を描写するように、その財又は役務と交換に企業が権利を得ると見込まれる対価を反映する金額により、収益を認識する」（収益認識のコア原則）という統一した概念の下でまとめた。具体的には、顧客との契約を中心にそれに関係する概念で構築されている。収益は以下の5つのステップにより認識される。

1）顧客との契約を識別する
2）契約における履行義務を識別する
3）取引価格を算定する
4）当該取引価格を履行義務に配分する
5）企業がそれぞれの履行義務を充足した時に（又は充足するにつれて）収益を認識する

2．適用時期

　新しい収益認識基準ASU2014-09の適用時期 は、以下のとおりである。Public Companyに関しては、2016年12月15日より後に開始する会計年度より適用され、その年度の期中期間に関しても適用される。

　Non-public Companyに関しては、2017年12月15日より後に開始する会計年度より適用され、期中期間については、2018年12月15日より後に始まる会計年度について適用される。

　なお、Non-public Companyについては、Public Companyの適用時期と同じタイミングで早期適用が認められている。

④　会計基準の改訂

(1)　Discontinued Operation
別途開示を必要とするDiscontinued Operationsの簡素化（ASU 2014-08）

　従来、キャッシュ・フローを生み出す一つのまとまりであるcomponent of an entityが、処分されるとき、Continuing OperationsとはDiscontinued Operationsに係る損益を開示していた。しかし、単にcomponent of an entityとしていたため、企業体にとって重要でないようなcomponent（構成要素）の処分まで別途開示の対象となり、かえって財務諸表の有用性を低下させているとの批判があった。

　このため、企業の活動内容と経営成績に大きな影響をもたらす企業戦略の変更といえるようなcomponent（構成要素）や事業の処分にのみ開示を限定した。

　適用時期は、公開企業2014年12月15日より後に開始する事業年度より、非公開企業はその1年後であり、早期適用も認められている。

(2)　Extraordinary Gain or Loss
Extraordinary Itemの廃止（ASU 2015-01）

　US GAAP上、損益計算書上のExtraordinary Itemとは、日本の特別損益とは同一の概念ではなく、1) Unusual in Nature　2) Infrequency of Occurrenceの両要件を満たした項目である。

　今回の改正で、このExtraordinary Itemの概念は廃止された。変更後は、従来Extraordinary Item とされるようなものでも、Unusual in Nature OR Infrequency of Occurrenceの項目と同様に扱われ、損益計算書上Ordinary Incomeの一項目として表示されることになる。

　適用時期は、2015年12月15日より後に開始する事業年度からであり、早期適用も認められている。

第5章　損益　135

第6章
税効果会計

1．税効果会計とは

　税効果会計とは、法人税等の額を適切に期間配分することにより、税引前当期純利益と法人税等とを合理的に対応させることを目的とする会計上の手続きをいう。

＜Example＞
　A社のX1年度において、当期純利益＄1,000、売上高の計上漏れ＄500があった。実効税率40％とする。

＜税効果会計適用なし＞		＜税効果会計適用あり＞		
税引前当期純利益	$2,000	税引前当期純利益		$2,000
法人税等の額	1,000	法人税等の額	1,000	
		法人税等調整額	△200	800
当期純利益	$1,000	当期純利益		$1,200

　法人税額は、課税所得＄2,500（*1）に実効税率40％を乗じた＄1,000（*2）となる。これを損益計算書の形式にしたものが上記の図解の左側で、当期純利益は＄1,000と計算される。

（*1）税引前当期純利益＄2,000＋売上高計上漏れ＄500＝＄2,500
（*2）＄2,500×実効税率40％＝＄1,000

　税効果会計の適用がない場合の損益計算書（左側）は、当期純利益が＄1,000と、税引前当期純利益2,000円から実効税率40％とはかけ離れた法人税等が控除されて計算されている。

税効果会計を適用した場合は、右側の図となる。

税効果会計の適用がある場合の損益計算書は、当期純利益が＄1,200
と、税引前当期純利益 2,000 円から実効税率 40%相当の法人税等が控
除されて計算されている。これが税効果会計である。

２．一時差異（Temporary Differences）と永久差異（Permanent Differences）

(1) 一時差異（Temporary Differences）

　一時差異（Temporary Differences）とは、米国会計と米国税法（IRS）の違いにより認識する期間がズレることにより、一時的な差異のことである。当該差異は最終的には解消されることになる。

　一時差異の代表的な例は以下のとおりである。

① Bad Debt Expense（貸倒引当金）

　会計上は発生主義により引当金計上により損金算入するが、税務上は、実際に貸倒れが発生し、cash out した期に損金計上する。

② Estimated Warranty Liabilities（製品保証引当金）

　会計上は発生主義により引当金計上により損金算入するが、税務上は、実際に保証費用が発生し、cash out した期に損金計上する。

③ Depreciation Expense（減価償却費）

　会計上と税務上で異なる減価償却方法を使用している場合に一時差異が生じる。

④ Unearned Rent（前受家賃）

　会計上前受の家賃は負債として計上し、発生主義により実現した時期に収益計上するが、税務上は現金主義により家賃を前受した時点で収益計上する。

⑤ Accrued Expenses（未払費用）

　会計上未払費用に該当するものは、発生主義により損益計上されるが、税務上は、未払費用のうち、決算日より２か月半を超えて決済される場合、当該超えた部分は損金として認められない。

第６章　税効果会計　*139*

⑵ 永久差異（Permanent Differences）

永久差異（Permanent Differences）とは、米国会計と米国税法（IRS）の違いにより発生し、永久に差異が解消されない項目のことである。永久に差異が解消しないため、繰延税金資産（Deferred Tax Assets）や繰延税金負債（Deferred Tax Liabilities）は計上できない。繰延税金資産及び繰延税金負債については、次の3節を参照のこと。

永久差異の代表的な例は以下のとおりである。

① Life Insurance Premium when the Corporation is a Beneficiary（会社が受取人の場合の支払保険料）

会社が受取人の場合の支払保険料は、会計上は損金計上できるが、税務上は控除できない。

② Dividend Received Deduction（受取配当金）

受取配当金については、会社は益金計上できるが、税務上は株式の持分割合によって一部控除できない。
・持分割合80％以上⇒100％控除可能
・持分割合 20％超80％未満⇒80％控除可能（20％益金算入）
・持分割合 20％以下⇒70％控除可能（30％益金算入）

③ Payment of Penalty or Fine（罰金、科金）

罰金等の課金については、会計上は損金計上できるが、税務上は損金計上できない。

④ State & Municipal Bond Interest Income（州債、地方債からの受取利息）

州債、地方債からの受取利息は、会計上益金計上できるが、税務上は益金に算入しなくてもいい。

＊具体例＊
A社のX1年度の課税所得に関する情報は以下のとおりである。
課税所得について求めなさい。

Net Income（税引前当期純利益）　　　　＄100,000
Depreciation（償却超過額）　　　　　　　20,000
Rent received in advance（前受家賃）　　　10,000
Payment of penalty（罰金）　　　　　　　　500
Bad debt expense（引当金繰入超過額）　　　3,000

A：課税所得＝＄100,000＋＄20,000＋＄10,000＋＄500＋
＄3,000＝＄133,500

課税所得の計算上、一時差異のみならず、永久差異も考慮することに留意が必要である。ただし、繰延税金資産（Deferred tax assets）及び繰延税金負債（Deferred income liability）の計算においては、永久差異は考慮されない。

以下、繰延税金資産、繰延税金負債について検討していく。

3. 繰延税金資産（Deferred Tax Assets）と繰延税金負債（Deferred Tax Liabilities）

　一時差異が生じる場合、繰延税金資産（Deferred tax assets）と繰延税金負債（Deferred tax liabilities）が計上される。

① 繰延税金資産（Deferred tax assets）

　繰延税金資産は、将来税金を減額する効果をもつ資産のことである。

　今期の課税所得が大きくなり、税金の前払いであり、将来の税金負担を軽減する効果がある。

　ただし、繰延税金資産として計上できるのは、一時差異（Temporarily Difference）のみであり、永久差異（Permanently Difference）は計上できない。

　また、繰延税金資産については、将来の回収可能性を判断し、回収不能と認められる場合には回収可能額まで減額しなければならない。

　仕訳例は、以下のとおりである。

```
Dr.   Deferred tax assets          XXX
           Cr.    Tax expense – deferred   XXX
```

＊具体例＊
A社は、B社に対する売掛金が貸倒れになる可能性があると判断し、Bに対する貸倒引当金繰入額を＄3,000計上した。
実際に貸倒れが発生したのは、翌期であった。
実効税率は40％とする。

（当期）

```
Dr.    Deferred tax assets          1,200 (*)
          Cr.    Tax expense – deferred   1,200
```

(*) ＄3,000 × 40％＝＄1,200

（翌期）

```
Dr.    Tax expense – deferred        1,200
          Cr.    Deferred tax assets        1,200
```

翌期に貸倒れが発生したことにより、一時差異が解消された。よって、繰延税金資産の取り崩しの処理が必要となる。

②　繰延税金負債（Deferred tax liabilities）

繰延税金負債は、将来税金を増額する効果をもつ負債のことである。今期の課税所得が小さくなり、税金の未払いであり、将来の税金負担を増額する効果がある。

ただし、繰延税金負債として計上できるのは、繰延税金資産と同様に一時差異（Temporarily Difference）のみであり、永久差異（Permanently Difference）は計上できない。

仕訳例は、以下のとおりである。

```
Dr.    Tax expense – deferred         XXX
          Cr.    Deferred tax liabilities     XXX
```

＊具体例＊
Ａ社は、機械の減価償却費を＄4,000計上した。税務上の減価償却費は、＄6,000であった。実効税率は40％とする。

第6章　税効果会計　*143*

```
Dr.   Tax expense – deferred          800
        Cr.    Deferred tax liabilities   800 (*)
```

(*)（＄6,000 － ＄4,000）× 40％＝＄800

　固定資産は長期にわたり一時差異が発生し、除却・売却時に一時差
異が解消される。

４．税率の変動

　繰延税金資産や繰延税金負債の計算に使用される税率（Tax Rate）
は、毎期回収の見込みについて見直す必要がある。税制改正により法人
税等に適用される税率に改正があった場合において、改正税法が決算日
までに公布されているときは、税効果会計上で適用する税率は改正後の
税率となる。

> ＊具体例＊
> X1年度、A社は機械の減価償却費を＄30,000計上した。税務上
> の償却費は、＄20,000であった。X1年度の税率は35％とする。

　1．X1年度

| Dr. | Deferred tax assets | 3,500 (*1) |
| | Cr. | Tax expense – deferred | 3,500 |

（*1）（＄30,000－＄20,000）× 35％＝＄3,500

　　2．X2年度、A社は機械の減価償却費を＄25,000計上した。税務
上の償却費は、＄20,000であった。X2年度の税率は40％とする。

| Dr. | Deferred tax assets | 2,500 (*2) |
| | Cr. | Tax expense – deferred | 2,500 |

（*2）（＄30,000－＄20,000）×（40％－35％）＝＄500 (*3)
　（＄25,000－＄20,000）×　40％＝＄2,000
　　＄500＋＄2,000＝＄2,500

（*3）　繰延税金資産の計算上、使用するTax Rate（実効税率）は、
　　　　回収すると見込まれる期の税率に基づいて計算される。
　　　　　従って、X1年度に計上された繰延税金資産を新たに改訂さ

第6章　税効果会計　*145*

れた税率に基づき計算し、差額を X2 年度で調整する。

5．財務諸表上の表示

1．流動 (Current) と固定 (Non-current) に分類

繰延税金資産 (Deferred tax assets) や繰延税金負債 (Deferred tax liabilities) は、将来税金を増加したり、減額させる効果があるため資産又は負債として計上される。

当該発生した原因により、Current (流動) 又は Non-current (固定) に分類される。例えば、貸倒引当金繰入は売掛金を原因として発生するため、ここから発生した Deferred tax assets は Current (流動) の区分に分類される。また、固定資産の減価償却費は、固定資産を原因として発生するため、ここから発生した Deferred tax liabilities は Non-current (固定) の区分に分類される。

2．流動 (Current) 区分と固定 (Non-current) 区分の相殺表示

流動区分の繰延税金資産は、貸借対照表上、同じ流動区分の繰延税金負債と相殺して表示される。資産が多い場合は、繰延税金資産 (流動) として計上される。

一方、固定区分の繰延税金資産は、貸借対照表上、同じ固定区分の繰延税金負債と相殺して表示される。負債が多い場合は、繰延税金負債 (固定) として計上される。

(イメージ図)

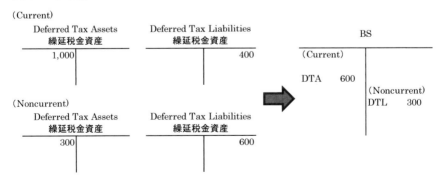

コーヒーブレーク④

⑤　会計基準の改訂

「繰延税金資産・負債の短期・長期の区分の廃止」

１．改訂の内容
　現在、繰延税金資産・負債は、それが発生する基礎となった資産・負債の長短の区分、若しくは、解消される時期の見込みによって短期・長期に分類されて貸借対照表上に表示されている。現在のところ、この区分を廃止して全て長期の資産・負債とすることが提案されている。
　FASBの議論では、「基礎となった資産・負債の長短の区分で繰延税金資産の長短を決定しても、解消時期の長期・短期とは連動しないため有用性が低い。」、あるいは、「解消時期の見込みを元に長短の区分をするにしても困難なことが多く、簡素化の目的にそぐわない。」との意見が出されている。このため一律、長期項目として扱うという提案になった。

２．適用時期
　草案上、適用予定は、公開企業2016年12月15日より後に開始する事業年度より適用され、非公開企業はその１年後から適用となる。

第7章
キャッシュ・フロー計算書

1．キャッシュ・フロー計算書の意義

　キャッシュ・フロー計算書 (Statement of Cash Flow) は、米国基準において、基本財務諸表の１つとして作成が要求されている。

　キャッシュ・フロー計算書は、一定期間における現金・預金、及び現金等価物の収支に関する情報を提供し、これを他の財務諸表に開示されている情報とともに利用することで、投資家や債権者等の利害関係者に企業の将来の資金調達力や、債務弁済能力、配当支払能力、企業の純利益と資金収支との間の差異の原因等の情報を提供することにある。

⑴　資金の範囲

　資金の範囲は、現金・預金及び現金等価物 (Cash and Cash Equivalent) である。

　　①　Cash

　　Cash は、手許現金、要求払預金、例えば当座預金、普通預金等を含む概念である。

　　②　Cash Equivalent

　　Cash Equivalent (現金等価物) は、一般的に、取得時から満期日までが３か月以内のものであり、即時換金可能で、価値の変動について僅少なリスクしか負わない短期投資をいう。

⑵　現金等価物

　現金同等物の例としては、取得日から満期日又は償還日までの期間が３か月以内の短期投資である定期預金、コマーシャル・ペーパー、短期保有の有価証券等である。

　ただし、あくまで企業が独自に現金等価物として扱う範囲を決定す

第７章　キャッシュ・フロー計算書　*149*

ることができ、企業は現金等価物に含める範囲について会計方針を開示する必要がある。

２．キャッシュ・フロー計算書の活動区分

　キャッシュ・フロー計算書は、企業の活動区分に応じて以下の３つの区分に分類して開示される。
- (1)　Operating Activities（営業活動におけるキャッシュ・フロー）
- (2)　Investing Activities（投資活動におけるキャッシュ・フロー）
- (3)　Financing Activities（財務活動におけるキャッシュ・フロー）

キャッシュ・フロー計算書のイメージ図

Cash flows from Operating Activities 営業活動におけるキャッシュ・フロー
Cash flows from Investing Activities 投資活動におけるキャッシュ・フロー
Cash flows from Financing Activities 財務活動におけるキャッシュ・フロー

以下、区分活動ごとの項目について見ていく。

(1)　Operating Activities（営業活動におけるキャッシュ・フロー）

　Operating Activities には、Investing Activities 及び Financing Activities のカテゴリーに含まれない全ての項目が含まれる。

　例えば、以下の項目が営業活動におけるキャッシュ・フローの区分に含まれる。
- ・Operating Cycle（営業サイクル）上での現金収支
- ・Received Dividend（配当金の受取り）
- ・Received and Paid Interest（利息の受取り、利息の支払い）
- ・Sold and Purchased Trading Securities（売買目的証券の購入、売却）

・その他 Investing activities や Financing activities に含まれないもの全て

⑵　**Investing Activities（投資活動におけるキャッシュ・フロー）**
　Investing Activities に含まれる項目には以下のような取引である。
　　・Sold and Purchased fixed assets（固定資産の売却・購入）
　　・Sold and Purchased investments excluding trading（売買目的証券を除く株式・債券の売却、購入
　　・Loan Receivable（貸付金）

⑶　**Financing Activities（財務活動におけるキャッシュ・フロー）**
　Financing Activities に含まれる項目には以下のような取引である。
　　・Repayment of Debt Principal to Creditors（借入金元本の返済）
　　・Payment of Dividend（配当金支払い）
　　・Issued Stock（株式の発行）
　　・Purchased Treasury Stock（自己株式の買取り）

3. 直接法及び間接法

　営業活動からのキャッシュ・フローの報告方法として、直接法と間接法の２つの方法がある。

(1) 直接法
　直接法とは、営業活動の種類ごとに現金受領額と現金支出額を総額で表示する方法であり、以下の項目が含まれる。
- ａ. 顧客からの現金受取額
- ｂ. 受取利息及び受取配当金
- ｃ. その他の営業活動からの現金受取額
- ｄ. 仕入先及び従業員への現金支払額
- ｅ. 支払利息
- ｆ. 法人税等支払額
- ｇ. その他営業活動からの現金支払額

＊具体例(1)＊
A社は損益計算書に売上が＄150,000計上されている。貸借対照表では、売掛金の期首、期末残高はそれぞれ＄10,000、＄15,000である。
顧客からの現金受取額は以下のとおりである。

Accounts Receivable			($)
Beginning Balance	10,000	Cash Collection	145,000 ←差額
Sales	150,000	Ending Balance	15,000

営業活動によるキャッシュ・フロー：

　　Cash Received from Customers　＄145,000

第７章　キャッシュ・フロー計算書　*153*

＊具体例(2)＊
A社のX1年度及びX2年度のBS、及びX2年度のPLの明細は以下のとおりである。直接法によりキャッシュ・フロー計算書を作成するものとする。

BS（一部）

	December 31, 20X1	December 31, 20X2
Cash	$250	$700
Accounts Receivable	430	200
Inventories	540	620
Accounts Payable	790	520
Income tax payable	490	230

PL: For the year ended December 31, 20X2

Sales	$5,000	
COGS	3,500	
Gross Profit		1,500
SG&A		
Depreciation	400	
Others	240	640
Operating income		860
Income taxes		(230)
Net Income		$630

Cash Flow from Operating Activities

Cash received from customers	$ 5,230 (*1)
Cash paid to suppliers	(3,850) (*2)
Cash paid to other operating activities	(240) PL より
Income taxes paid	(490) (*3)
	$650

(*1) X1 AR $430 + X2 Sales $5,000 − X2 AR $200 = $5,230

(*2) 当期仕入高：X2 Inv. $620 + X2 COGS $3,500 − X1 Inv. $540 = $3,580

X1 AP $790 ＋当期仕入高 $3,580 － X2 AP $520 ＝ $3,850

(*3) X1 Income tax payable $490 ＋ X2 Income tax $230 － X2 Income tax payable $230 ＝ $490

⑵ 間接法

間接法とは、純利益を営業活動からのキャッシュ・フローの純額に調整する形で表示する方法である。間接法と直接法で異なるのは、営業活動によるキャッシュ・フローのみである。

法人税等の税金の支払額は、日本基準と同様、「営業活動によるキャッシュ・フロー」の区分に記載する。ただし、「営業活動によるキャッシュ・フロー」を間接法により表示する場合、米国基準では、税引後当期純利益に非資金損益項目や営業活動に係る資産・負債の増減等を調整することから、キャッシュ・フロー計算書上、法人税等の支払額は明示されない。従って、法人税等の支払額は注記として開示する。

間接法では、税引後当期純利益に以下の項目を加減算して営業活動によるキャッシュ・フローを算定する。

①　PL 上、Net Income を計算するにあたってマイナス要因となっている費用のうち、Cash out していない項目を加算する。
②　PL 上、Net Income を計算するにあたってプラス要因となっている収益のうち、Cash in していない項目を減算する。
③　BS 項目の変化のうち、Cash in されるものを加算する。
④　BS 項目の変化のうち、Cash out されるものを減算する。

間接法による営業活動によるキャッシュ・フローのイメージ図は以下のとおりである。

第 7 章　キャッシュ・フロー計算書　155

Cash from Operating Activities

Net income	$ XXX
Depreciation Expense	XXX
Increase in Accounts Receivable	(XXX)
Increase in Inventories	(XXX)
Decrease in Accounts Payable	(XXX)
Net Cash Flow from Operating Activities	$ XXX

＊具体例(1)＊

A社のX2年度のNet incomeは $35,000 で、Depreciation expenseは$3,000であった。また、A社のX1年度及びX2年度のBSの一部は以下のとおりである。

	X1 年度末	X2 年度末
Accounts Receivable	$22,000	$33,000
Inventories	4,500	4,800
Prepaid expenses	300	600
Accounts Payable	7,000	5,500

Cash Flow from Operating Activities

Net income	$35,000
Depreciation Expense	3,000
Increase in Accounts Receivable	(11,000) (*1)
Increase in Inventories	(300) (*2)
Increase in Prepaid expense	(300) (*3)
Decrease in Accounts Payable	(1,500) (*4)
Net Cash Flow from Operating Activities	$ 24,900

(*1) X2 年度 AR $33,000 − X1 年度 AR $22,000 ＝ $11,000

(*2) X2 年度 Inv.$4,800 − X1 年度 Inv. $4,500 ＝ $300

(*3) X2 年度 Prepaid exp. $600 − X1 年度 Prepaid exp.

$300 = \$300$

(*4) X2 年度 AP $5,500 − X1 年度 AP $7,000 = $ (1,500)

＊具体例⑵＊

A 社の X1 年度及び X2 年度の BS、及び X2 年度の PL の明細は以下のとおりである。間接法によりキャッシュ・フロー計算書を作成するものとする。

BS

	December 31, 20X1	December 31, 20X2
Cash	$250	$700
Accounts Receivable	430	200
Inventories	540	620
Fixed Assets	1,300	1,000
	$2,520	$2,520
Accounts Payable	$790	$520
Income tax payable	490	230
Common Stock	1,000	1,200
Retained Earnings	240	570
	2,520	2,520

PL：For the year ended December 31, 20X2

Sales	$5,000	
COGS	3,500	
Gross Profit		1,500
SG&A		
Depreciation	400	
Others	240	640
Operating income		860
Income taxes		(230)
Net Income		$630

第 7 章　キャッシュ・フロー計算書　157

Statement of Cash Flow
For the year ended December 31, 20X2

Cash Flow from Operating Activities

Net income	$ 630	
Depreciation Expense	400	(*1)
Decrease in Accounts Receivable	230	(*2)
Increase in Inventories	(80)	(*3)
Decrease in Accounts Payable	(270)	(*4)
Decrease in Income tax payable	(260)	(*5)
Net Cash Flow from Operating Activities	650	

Cash Flow from Investing Activity

Purchase of Plant and Equipment	(100)	(*6)
Cash Flow from Investing Activity	(100)	

Cash Flow from Financing Activities

Issuance of Common Stock	200	(*7)
Dividend Payment	(300)	(*8)
Net Cash Flow from Financing Activities	(100)	
Net Change in Cash	450	(*9)
Cash at beginning of the year	250	
Cash at ending of the year	$ 700	

(*1) PL Depreciation $400

(*2) X2 年度 AR $200 − X1 年度 AR $430 = $ (230)

(*3) X2 年度 Inv.$620 − X1 年度 Inv. $540 = $80

(*4) X2 年度 AP $520 − X1 年度 AP $790 = $ (270)

(*5) X2 年度 Tax payable $230−X1 年度 Tax payable $490 =

$(260)

(*6) X2 年 度 $1,000+Depreciation $400−X1 年 度 $1,300 ＝
$100

(*7) X2 年度 CS $1,200−X1 年度 CS＝ $1,000 ＝ $200

(*8) X1 年 RE $240+X2 年 Net Income $630−X2 年 RE
$570=$300

(*9) Operating $650+Investing $(100) ＋Financing $(100)
＝$450

第8章
合併及び連結会計

1．合併

⑴ 企業の合併

　企業の合併（Merger）とは、一方の企業が、もう一方の企業を買収することにより、1つの企業になることをいう。

　企業結合において、取得日に取得企業が得た純資産（Net Asset）と⑵の対価を比較して、差額がプラスの時は差額を Goodwill（のれん）として資産計上し、差額がマイナスの時は差額を Bargain purchase gain として収益計上する。

　　① 　Goodwill の場合

Assets（FV）	Liabilities（FV）		1．移転される対価 ＋ 2．取得される企業の非支持分の公正価値 ＋ 3．段階的な取得の場合、取得企業がすでに取得していた資本の取得日の公正価値
		Goodwill（のれん）	
	A－L＝Net Assets（FV）	識別可能な取得資産と引受負債の取得日における純額	

　　② 　Bargain Purchase Gain の場合

| Assets（FV） | Liabilities（FV） | | Bargain Purchase（バーゲン・パーチェス） |
| | A－L＝Net Assets（FV） | 識別可能な取得資産と引受負債の取得日における純額 | 1．移転される対価
＋
2．取得される企業の非支持分の公正価値
＋
3．段階的な取得の場合、取得企業がすでに取得していた資本の取得日の公正価値 |

第8章　合併及び連結会計　*161*

⑵　**移転される対価**

　移転される対価には、以下のようなものがある。

　１．取得企業から移転される資産

　２．前所有者に対して生じる取得企業の負債

　３．取得企業が発行する資本持分

　上記１．～３．の合計（いずれも取得日の公正価値）で計算されたものを移転対価という。

　移転対価は、現金、その他資産、事業又は子会社、偶発対価、株式、オプション等である。

＊具体例＊
A社はB社に吸収合併された。合併直前のA社のBSは以下の通りであった。なお、資産に含まれる土地の時価は＄50,000（簿価＄30,000）であった。それ以外は簿価と時価は等しいものとする。

BS

| Assets $300,000 | Liabilities $200,000 |
| | Net Assets $100,000 |

　１．合併の対価が現金＄150,000の場合

```
Dr.   Assets          320,000 (*1)
      Goodwill         30,000 (*2)
      Cr.   Liabilities   200,000
            Cash         150,000
```

　(*1) Assets 簿価 ＄300,000 ＋ 土地評価益（＄50000 － ＄30,000）＝＄320,000

　(*2) Dr.（借方）差額のため、Goodwill として資産計上

2. B社が普通株式 10,000 株（額面 10、市場価値 15）を発行した場合

```
Dr.   Assets          320,000 (*1)
      Goodwill         30,000 (*2)
        Cr.  Liabilities      200,000
             Common Stock     100,000 (*3)
             APIC              50,000 (*4)
```

(*3) 株式数 10,000 株×額面 10 ＝＄100,000
(*4) 株式数 10,000 株×（市場価値 15 －額面 10）＝＄50,000

3. 合併の対価が現金＄100,000 の場合

```
Dr.   Assets          320,000 (*1)
        Cr.  Liabilities   200,000
             Cash          100,000
             Bargain purchase gain   20,000(*5)
```

(*5) Cr. 差額（負ののれん）のため、Bargain purchase gain （バーゲン・パーチェス利益）として PL に収益計上

　Bargain purchase gain が生じると見込まれる場合には、すべての識別可能資産および負債が把握されているか、またそれらに対する取得原価の配分が適切に行われているかどうかを見直すことが必要となる。この見直しによっても、なお、取得価額が受入れた資産や引受けた負債に配分された純額を下回る場合には、その不足額を発生した事業年度の利益として処理されることになる。

　のれんの会計処理については、以下連結で検討していく。

第 8 章　合併及び連結会計　*163*

2. 連結会計

(1) 連結決算

　連結決算とは、グループ内の親子会社間の取引を相殺し、親会社と子会社の財務諸表を合算させることをいう。すなわち、グループ全体でみた場合の利益やキャッシュ・フローがどのくらい生み出されているかを示すためである。

　親会社、子会社は単体として存在する。親会社も子会社も単体の決算書を作成しているが、両者の情報を集めて別の決算書を作成する。これが連結財務諸表である。

　100%の子会社を連結する場合と、100%未満の子会社を連結する場合で会計処理が異なる。100%未満の子会社の場合、親会社以外の非支配株主持分（Non-controlling Interest）が存在する。

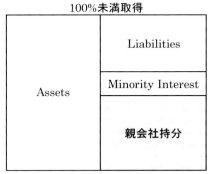

　投資で株式を取得（Acquisition）した場合、議決権付株式の持分比率が50%を超えるとその投資先会社が連結の対象となり、グループとして連結（Consolidation）する必要がある。

⑵ **連結決算のステップ**

連結決算の手順は以下のとおりである。

① 親会社と子会社の個別決算書の合算

② 連結修正仕訳

　A. 親会社の子会社に対する投資と子会社の対応する資本勘定の相殺

　B. A. にて子会社の資産、負債の時価評価に伴い差額が発生した場合、時価評価へ修正した上で連結相殺仕訳を実施

　C. 非支配株主持分への振替（取得日以降に生じた子会社の Retained Earnings を、持分比率で親会社と非支配株主持分に配分）

　D. 当期の配当を非支配持分へ振替（Dividend の親会社と非支配持分とに配分）

　E. 内部グループ間取引の相殺

　F. 未実現利益の相殺

③ 持分法の修正仕訳

⑶ **100%子会社の場合**

＊具体例＊

P社はS社の株式をX1年10月1日に100%現金＄20,000で取得した。なお、取得時のS社のBSは以下のとおりであった。

S 社 BS

Cash	$25,000	Liabilities	$15,000
Fixed Assets	4,000	C/S	10,000
Others	1,000	APIC	2,000
		R/E	3,000
	$30,000		$30,000

取得時のFixed Assetsの時価は＄6,000であった（税効果は無視するものとする）。

---

1. S社取得時

```
Dr.    Investment in S    20,000
       Cr. Cash                    20,000
```

2. 取得時の連結修正仕訳

```
Dr.    Fixed Assets    2,000
       Cr. Adjustment to FV      2,000 (*1)
```

(*1) Fixed Assets 時価＄6,000 －簿価＄4,000 ＝＄2,000

```
Dr.    Common Stock        10,000
       APIC                 2,000
       Retained Earnings    3,000
       Adjustment to FV     2,000
       Goodwill             3,000 (差額)
           Cr. Investment in  S         20,000
```

(4) 100%未満子会社の場合

＊具体例＊

P社はS社の株式をX1年10月1日に70%現金＄14,000で取得した。なお、取得時のS社のBSは以下のとおりであった。

S社 BS

Cash	$25,000	Liabilities	$15,000
Fixed Assets	4,000	C/S	10,000
Others	1,000	APIC	2,000
		R/E	3,000
	$30,000		$30,000

取得時のFixed Assetsの時価は＄6,000であった（税効果は無視するものとする）。

1．S 社取得時

```
Dr.    Investment in S     14,000
         Cr. Cash                    14,000
```

2．取得時の連結修正仕訳

```
Dr.    Fixed Assets       2,000
         Cr. Adjustment to FV        2,000 (*1)
```

（*1）Fixed Assets 時価＄6,000 －簿価＄4,000 ＝＄2,000

☆ポイント

　非支配持分は、取得企業の公正価値に対する比例持分相当額として測定される（全部のれんアプローチ）。

　なお、日本基準では、全部のれんアプローチのほか、子会社の資産及び負債のうち、親会社の持分に相当する部分については株式の取得日ごとに当該日における公正な評価額により評価し、非支配株主に相当する部分については子会社の個別貸借対照表上の金額による方法（部分時価評価法）も認められている。

```
Dr.    Common Stock          10,000
         APIC                        2,000
         Retained Earnings          3,000
         Adjustment to FV           2,000
         Goodwill                    2,100 （差額）
            Cr. Non-controlling Interest   5,100 (*2)
                 Investment in S            14,000
```

（*2）（Common stock ＄10,000 ＋ APIC ＄2,000 ＋ Retained earnings ＄3,000 ＋ Adjustment to FV ＄2,000）×（100％－70％）＝＄5,100

第 8 章　合併及び連結会計　*167*

⑸ **当期純利益の非支配株主持分（Non-controlling Interest）の振替**

当期純利益の非支配株主持分相当額を振替える。

```
Dr.   Income/loss on NCI     XXX
          Cr. Non-controlling interest   XXX
```

⑹ **配当金の相殺仕訳**

子会社が配当金を支払った場合、子会社の利益剰余金と親会社（Parent）の受取配当金、及び非支配株主持分（NCI）と相殺する必要がある。

```
Dr.   Dividend received      XXX（Parent）
      Non-controlling interest XXX（NCI）
          Cr. Retained earnings         XXX
```

⑺ **Inter Company Transaction（内部グループ間取引）の相殺仕訳**

親子会社間で取引があった場合、内部グループ間取引として連結決算上消去されなければならない。

```
＊具体例＊
P社はS社に対し、商品（原価$700）を$1,000で販売した。ま
た、P社はS社に対し、$50,000の資金を貸し付けた。$500
の未払利息があるものとする。
```

```
Dr.   Sales              1,000
          Cr. COGS               1,000
```

```
Dr.   Loan payable      50,000
         Cr. Loan receivable           50,000
Dr.   Interest income     500
         Cr. Interest expense          500
Dr.   Accrued interest expense    500
         Cr. Interest income receivable      500
```

⑻ 未実現利益の消去

親子会社間取引のうち、未実現利益は消去しなければならない。

未実現利益消去の例は以下のとおりである。

・親子会社間売買取引において、仕入側がまだ商品を外部へ販売していない場合
・固定資産を連結グループ間で売買した場合、売却益相当額の調整及び固定資産に係る減価償却費の調整

```
＊具体例①＊
P社はS社に対し、商品 (原価$700) を$1,000で販売した。
```

1. S社は顧客に商品を$1,200で販売した。

```
Dr.   Sales         1,000
         Cr. COGS          1,000
```

商品は第三者へ販売されているため、未実現利益の消去の仕訳は不要である。

2. S社の商品は期末日時点手許にある。

```
Dr.   Sales         1,000
         Cr. COGS          1,000
```

第8章　合併及び連結会計　*169*

```
Dr.  COGS              300 (*)
    Cr. Inventories        300
```

(*) P社 Sales $1,000 －原価$700 ＝ $300

　連結グループ会社間で、例えば商品の売買取引を行った際に、商品を販売した連結会社が計上した利益は、連結グループにおける内部利益となる。内部利益は、内部取引の対象商品が連結外部に販売されることによって実現することになる。

　しかし、期末時点で内部取引の対象商品が棚卸資産として連結グループ内で保有されている場合、当該内部利益は期末に商品を保有している連結会社の棚卸資産残高に含まれており、期末時点でまだ実現していない。このように、連結グループ会社間の内部取引から生じた利益のうち、期末までに実現していないものを未実現利益という。

　連結グループ間取引で、利益が全て実現している場合、及び利益の全部が実現していない場合のイメージ図は以下の通りとなる。

連結グループ間取引
・利益が全て実現している場合

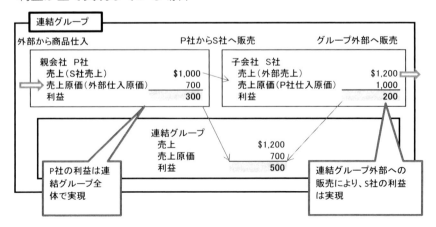

・利益が全て実現していない場合

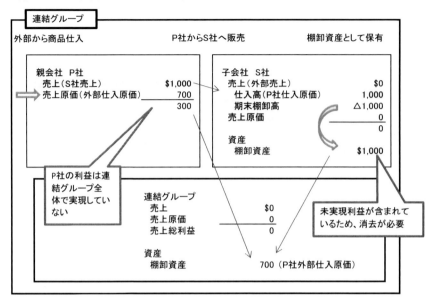

＊具体例②＊
X4年1月1日、P社はS社にEquipmentを＄100,000で売却
した。
P社のEquipmentの取得原価は＄90,000で、売却時の簿価は
＄70,000であった。残存耐用年数は10年で定額法により償却
するものとする。

1．売却時の仕訳
　(1)　P社

Dr.	Cash	100,000	
	Accumulated depreciation	20,000	
	Cr. Equipment		90,000
	Gain on sales of equipment		30,000（差額）

　(2)　S社

Dr.	Equipment	100,000	
	Cr. Cash		100,000

2．決算時仕訳
　(1)　減価償却時の仕訳（S社）

Dr.	Depreciation expense	10,000 (*1)	
	Cr. Accumulated depreciation		10,000

（*1）S社取得原価＄100,000÷残存耐用年数10年＝＄10,000

(2) 相殺消去仕訳

```
Dr.   Gain on sales of equipment   30,000
        Cr. Equipment                      10,000
            Accumulated depreciation       20,000
Dr.   Accumulated depreciation   3,000 (*2)
        Cr. Depreciation expense            3,000
```

(*2) （売却価格＄100,000 － P 社売却時簿価＄70,000）÷残存
　　 耐用年数 10 年＝＄3,000

（イメージ図）

3．翌期の会計処理

(1) 翌期首開始仕訳

```
Dr.   Retained earnings   27,000 (*1)
        Cr. Equipment                  10,000
            Accumulated depreciation   17,000 (*2)
```

(*1) 売却益＄30,000 －超過減価償却費＄3,000 ＝＄27,000
(*2) P 社 A/C ＄20,000 －超過減価償却費＄3,000 ＝＄17,000

(2) 翌期末相殺消去仕訳

```
Dr.   Accumulated depreciation   3,000 (*3)
        Cr. Depreciation expense        3,000
```

(*3) （売却価格＄100,000 － P 社取得原価＄70,000）÷残存耐
　　 用年数 10 年＝＄3,000

第 8 章　合併及び連結会計　173

⑸　**連結財務諸表の作成**

　次に実際の具体例を用いて、連結貸借対照表（Consolidated BS）
及び連結損益計算書（Consolidated PL）を作成するものとする。

＊具体例＊
X3年3月31日、P社はS社の発行済議決権総数の80％を
＄4,000で取得し、子会社とした。同日におけるP社、S社のX3
年度末、及びX4年度末のBSは以下のとおりである。
なお、S社の同日における土地（簿価＄1,000）の時価は＄1,750
であった。

		BS	
P社		March 31, X3	Unit：＄
Assets	17,000	Liabilities	13,200
Investment in S	4,000	Common Stock	9,000
Building	3,000	Retained Earnings	1,800
	24,000		24,000

		BS	
S社		March 31, X3	Unit：＄
Assets	5,000	Liabilities	1,800
Land	1,000	Common Stock	3,000
		Retained Earnings	1,200
	6,000		6,000

174

	BS		
P 社	March 31, X4		Unit：$
Assets	24,000	Liabilities	12,200
Investment in S	4,000	Common Stock	9,000
		Retained Earnings	6,800
	28,000		28,000

	BS		
S 社	March 31, X4		Unit：$
Assets	5,000	Liabilities	4,900
Land	1,000	Common Stock	3,000
Building	4,500	Retained Earnings	2,600
	10,500		10,500

損益計算書 (PL)

X4 年度 (For the year ended March 31, X4)

P 社		S 社	
Sales	76,000	Sales	12,500
COGS	45,600	COGS	7,300
Gross Profit	30,400	Gross Profit	5,200
SGA	20,400	SGA	2,800
Operating Income	10,000	Net Income	2,400
Other Income	5,000		
Net Income	15,000		

（前提）

1. P社のX4年度の利益は$15,000、配当金は$10,000であった。

2. S社のX4年度の利益は$2,400、配当金は$1,000であった。

3. P社はX4年度期首に、Building（簿価$3,000）をS社へ$5,000で売却した。S社は残存耐用年数10年で定額法により償却している。

4. X4年度、P社はS社へ商品（原価$500）を$800で売却した。なお、S社はX4年度末時点、当該商品を外部へ販売していない。

5. P社はのれんを償却しないことを選択している。

第 8 章　合併及び連結会計　175

6. 法人税等は無視するものとする。

⑴ **X4 年度開始仕訳**

```
Dr.   Land                    750 (*1)
         Cr. Adjustment to FV        750
```

(*1) X3 年度時価＄1,750 －簿価＄1,000 ＝＄750

```
Dr.   Common stock        3,000
      Retained earnings    1,200
      Adjustment to FV       750
      Goodwill                40 （差額）
         Cr. Non-controlling interest    990 (*2)
             Investment in S            4,000
```

(*2) (C/S $3,000＋R/E $1,200＋Adjustment $750) × (100%－
80%) ＝＄990

⑵ **当期純利益の非支配株主持分（Non-controlling Interest）へ
の振替え**

```
Dr.   Income/loss on NCI     480
         Cr. Non-controlling interest    480 (*3)
```

(*3) S 社 X4 年純利益＄2,400 × 20%＝＄480

⑶ **配当金の相殺仕訳**

```
Dr.   Dividend received         800 (*4)
      Non-controlling interest   200
         Cr. Retained earnings          1,000
```

(*4) 配当金支払額＄1,000 × P 社持分 80%＝＄800

⑷ **連結グループ内部間取引及び未実現利益の消去**

1．商品売買

```
Dr.   Sales          800
        Cr. COGS            800
```

```
Dr.   COGS          300 (*5)
        Cr. Inventories      300
```

(*) P社 Sales $800 －原価$500 ＝$300

2．Building の売買

```
Dr.   Gain on sales of equipment  2,000
        Cr. Building              2,000
```

```
Dr.   Building            200 (*2)
        Cr. Depreciation expense   200
```

(*2)（売却価格$5,000 － P社取得原価$3,000）÷残存耐用年数10年＝$200

連結貸借対照表（Consolidated BS）及び連結損益計算書（Consolidated PL）は以下のとおりである。

第8章　合併及び連結会計　*177*

連結貸借対照表 (Consolidated BS)

<table>
<tr><td colspan="5" align="center">Consolidated BS</td></tr>
<tr><td>P 社</td><td colspan="2" align="center">March 31, X4</td><td colspan="2">Unit ： $</td></tr>
<tr><td>Assets</td><td>28,700</td><td>(*1)</td><td>Liabilities</td><td>17,100</td><td>(*5)</td></tr>
<tr><td>Land</td><td>1,750</td><td>(*2)</td><td>Common Stock</td><td>9,000</td><td>(*6)</td></tr>
<tr><td>Building</td><td>2,700</td><td>(*3)</td><td>Retained Earnings</td><td>5,820</td><td>(*7)</td></tr>
<tr><td>Goodwill</td><td>40</td><td>(*4)</td><td>Non-controlling Interest</td><td>1,270</td><td>(*8)</td></tr>
<tr><td></td><td>33,190</td><td></td><td></td><td>33,190</td><td></td></tr>
</table>

(*1) \$24,000＋ \$5,000 － Inventory \$300 ＝ \$28,700

(*2) \$1,000＋ \$750＝ \$1,750

(*3) \$4,500 － \$2,000 ＋ \$200 ＝ \$2,700

(*4) X4年度開始仕訳　\$40

(*5) \$12,200 ＋ \$4,900 ＝ \$17,100

(*6) \$9,000 ＋ \$3,000 － \$3,000 ＝ \$9,000

(*7) 下記 Retained Earnings の Ending Balance より

(*8) \$990＋ \$480 － \$200 ＝ \$1,270

利益剰余金 (Retained Earnings) 勘定

<table>
<tr><td colspan="5" align="center">Retained Earnings</td></tr>
<tr><td>P 社</td><td></td><td></td><td colspan="2">Unit ： $</td></tr>
<tr><td>Dividend Paid</td><td>10,000</td><td>(*11)</td><td>Beginning</td><td>1,800</td><td>(*9)</td></tr>
<tr><td>Ending</td><td>5,820</td><td>(*12)</td><td>Net income</td><td>14,020</td><td>(*10)</td></tr>
<tr><td></td><td>15,820</td><td></td><td></td><td>15,820</td><td></td></tr>
</table>

(*9) \$1,800＋ \$1,200 － \$1,200 ＝ \$1,800

(*10) 下記連結損益計算書 (Consolidated PL) (*18) より

(*11) P 社配当金 \$10,000

(*12) 差額

連結損益計算書 (Consolidated PL)

P 社	Unit： $	
Sales	87,700	(*13)
COGS	52,400	(*14)
Gross Profit	35,300	
SGA	23,000	(*15)
Operating Income	12,300	
Other Income	2,200	(*16)
Net Income before NCI	14,500	
Income/Loss on NCI	(480)	(*17)
Net Income	14,020	(*18)

(*13) $76,000+ $12,500 − $800 = $87,700

(*14) $45,600 + $7,300 − $800 + $300 = $52,400

(*15) $20,400 + $2,800 − $200 = $23,000

(*16) $5,000 − $2,000 − $800 = $2,200

(*17) 仕訳(2) 当期純利益の非支配株主持分 (Non-controlling Interest) のへの振替

(*18) 利益剰余金 (Retained Earnings) 勘定 (*10) へ転記

第 8 章　合併及び連結会計　*179*

> 第9章
> その他の会計処理

1．一株当たり利益（Earnings per share, EPS）

⑴　一株当たり利益

　一株当たり利益（Earnings per share、EPS）とは、税引後の当期利益を市場に流通している株式数で割った額をいう。すなわち、株式一株当たりどのくらい収益力があるか判断するための資料で、異業種間での企業力を比較する場合にも利用できるため、投資の判断材料として広く利用される。

⑵　EPS の表示の方法

　A．Simple capital structure（資本構造が単純な場合）

　Simple capital structure とは、その企業が EPS を稀薄化する可能性のある証券等（Potentially dilutive securities outstanding）を発行している場合をいう。

　Potentially dilutive securities は、普通株式（Common stock）になる可能性のある証券であり、下記のものが該当する。

① Convertible bonds and Convertible preferred stock（転換社債、転換優先株式）
② Stock option, Warrants and Rights（ストック・オプション、新株引受金、新株式優先購入権）

　①、②のいずれも、それぞれの権利の保持者がその権利を行使した場合には、発行済普通株式数が増えるため、一株当たりの利益は小さくなる可能性がある。

　従って、Complex capital structure である企業においては、Basic EPS（基本一株当たり利益）と Diluted EPS（稀薄化後一株当たり利益）の２種類の EPS を表示する。

第9章　その他の会計処理　*181*

⑶ **基本一株当たり利益 (Basic earnings per share)**

基本一株当たり利益は、下記の算式で計算される。

Basic EPS

$=$ Net Income $-$ Preferred Dividends (優先株式配当金) (*1)
Weighted-average Number of Common share Outstanding
(加重平均流通普通株式数) (*2)

(*1) Cumulative Preferred Stock がある場合、配当決議がなく
ても引く

(*2) Common Stock $-$ Treasury Stock で算定される。
株式配当、株式分割があった場合、期中実施であっても期首に
実施されたと仮定して計算。ただし、今期中に発行された株式
配当は発行日に株式配当、株式分割が実施されたとして計算。

＊具体例＊
A社のX1年度、X2年度の資本構造は以下のとおりである。
Preferred stock, $10 par, 3% cumulative,
20,000 shares issued and outstanding　　$200,000
Common stock, $5 par, 400,000 shares
Issued and outstanding　　　　　　$2,000,000

A社のX2年度の当期純利益は$1,000,000であった。なお、
X2年度中に優先配当を$8,000支払っている。

Basic EPS

$=$ Net income　$1,000,000 $-$ Preferred dividends $6,000 (*1)
400,000 common shares outstanding

$=$ $2.49

(*1) Cumulative preferred stock の場合、Preferred dividend を
期中の配当金額に関係なく、$200,000 × 3% ＝ $ $6,000 を
引く

⑷ **Diluted earnings per share（稀薄後一株当たり利益）**

Diluted EPS（Convertible bond や Warrant を発行している場合）は、株式転換、権利行使によって株式数（EPS 計算の分母）が増加し、EPS が薄まる場合に計算される。従って、この場合、Basic EPS のみならず Diluted EPS も表示する必要がある。

① Treasury Stock Method（ストック・オプション又はワラントがある場合）

この方法では、ストック・オプションやワラントが期首に行使されたと仮定して計算される。期中に発行された場合は、発行日に行使されたとして計算する。

Diluted EPS（稀薄化後一株あたり利益）

$$= \frac{\text{Net Income} - \text{Preferred Dividend（優先株式配当金）}}{\text{Weighted-average Number of Common Shares Outstanding} + \text{株式転換、権利行使による純増加株数}}$$

---

② If-Converted Method（転換社債、転換優先株式がある場合）

この方法では、転換社債、転換優先株式がある場合に使用される。株式転換が期中で実施されても、期首に行使されたと仮定して計算する。期中に発行された場合は、発行日に行使されたとして計算する。

分子の計算上、転換社債等に支払った支払利息や優先配当を Net Income に足し戻して計算する。転換権が行使されると、社債や優先株式は普通株式に転換されなくなるため、転換が起こったと仮定してその分を足し戻して調整する。

Diluted EPS（稀薄化後一株あたり利益）

$$= \frac{\text{Net Income} - \text{Preferred Dividend} + \text{Interest Expense (net of tax) or} + \text{Preferred Dividends}}{\text{Weighted-average Number of Common Shares Outstanding} + \text{株式転換、権利行使による純増加株数}}$$

第9章　その他の会計処理　*183*

＊具体例＊

B社のX1年度、X2年度の資本構造は以下のとおりである。

Convertible preferred stock, $10 par, dividends of $3 per share

  100,000 shares issued and outstanding　$1,000,000

Common stock, $5 par, 600,000 shares

  Issued and outstanding　　　　　　　　$3,000,000

B社のX2年度の当期純利益は$6,000,000であった。なお、X2年度中に優先配当を$240,000支払っている。

X2年度中に転換権が行使され、200,000株の普通株式を発行した。

(1)　Basic EPS

$$= \frac{\text{Net income } \$6,000,000 - \text{Preferred dividends } \$300,000 \; (*1)}{600,000 \, \text{株}}$$

$= \$9.50$

(*1) 100,000 株 × $3 = $300,000

(2)　Diluted EPS

$$= \frac{\text{Net income } \$6,000,000 - \text{Preferred dividends } \$300,000 + \text{Preferred dividends } \$300,000}{600,000 \, \text{株} + 転換株式 \, 200,000 \, \text{株} = 800,000 \, \text{株}}$$

$= \$7.50$

従って、(1)＞(2)のため、Diluted EPS は $7.50 となる。

2．ストック・オプション（Stock Option）

⑴　ストック・オプションとは

　ストック・オプション（Stock Option）とは、企業の株式をあらかじめ定めた権利行使価格（Exercise Price）と株数で、将来の一定期間に購入できる権利である。権利行使時点で、市場の株価が権利行使価格より高ければ、権利を行使して市場に株を売却すればキャピタルゲインが得られる。

⑵　ストック・オプションの報酬費用

　ストック・オプションの報酬費用は、以下の式で算定される。

> 報酬費用＝オプションの公正価値（Fair Value）×権利行使株数

オプションの公正価値は以下の要素で計算される。

> ①　権利行使価格（Exercise price）
> ②　予定配当金（Expected dividends）
> ③　株価の価格変動率（volatility of the underlying stock）
> ④　オプション期間（Expected life）
> ⑤　安全利子率（Risk-free rate）

　最後の⑤の安全利子率は、将来のキャッシュ・インフローの不確実性又はリスクに対するプレミアムをいっさい含まない利子率のことである。一般的に、米国では、財務省証券等（Treasury Bills）の利率である。

第9章　その他の会計処理　*185*

3．資産除去債務（Asset Retirement Obligation）

⑴　資産除去債務

　資産除去債務（Asset Retirement Obligation）とは、固定資産の取得、建設、開発又は通常の使用によって生じ、当該有形固定資産の除去に関して法令又は契約で要求される法律上の義務及びそれに準ずるものをいう。

⑵　資産除去債務の認識

　資産除去債務は、公正価値を合理的に見積もることができる場合は、債務が発生した時点で認識する。また、債務の発生時に公正価値を合理的に見積もることができない場合は、見積もることができるようになった時点で資産除去債務を認識する。

⑶　資産除去債務の測定

　資産除去債務は公正価値で測定される。一般的に市場価値が入手できない場合、類似負債の市場価値又は期待現在価値法により割引現在価値で測定される。
　資産除去債務と割引現在価値との差額は、固定資産の償却期間にわたって利息法により償却され、償却額は資産除去債務に加算されることになる。

⑷　資産除去債務の事後評価

　当初資産除去債務を認識した時点での公正価値の見積後、会社は毎期以下の要因に関して資産除去債務の公正価値を再評価しなければならない。
　①　時間の経過による変化
　②　当初の見積額及び除却時期の変更

＊具体例＊
A社は、機械 (Machine) を $10,000 (耐用年数は 5 年：定額法)、
で現金購入した。資産除去債務と資産除去債務に対応する費用を
$1,000 と見積もっている。割引率は、3% で係数は 0.863 とする。

1. 固定資産計上時

```
Dr.   Machine          10,863
   Cr.   Cash                    10,000
         Asset retirement obligation   863 (*1)
```

(*1) $1,000 × 割引率 0.863 ＝ $863

2. 減価償却費計上時

```
Dr.   Depreciation expense      2,173 (*2)
   Cr.   Accumulated depreciation   2,173
```

(*2) $10,863 ÷ 5 年 ≒ $2,173

3. 割引差額の処理

```
Dr.   Accretion expense         26 (*3)
   Cr.   Assets retirement obligation   26
```

(*3) $863 × 3% ≒ $26

4. A社が 5 年後、除去費用 $1,100 支払った場合

```
Dr.   Asset retirement obligation   1,000 (*4)
      Other expense                 100 (*5)
   Cr.   Cash                          1,100
```

(*4) 5 年後に、資産除去債務の金額は利息法により当初見積価格

第9章　その他の会計処理　*187*

と等しくなる。

（*5）支払金額と見積価格の差額は、当期の損益として処理する。

４．デリバティブとヘッジの会計処理

⑴　デリバティブ

　デリバティブ（Derivative）は、以下の３つの要件をすべて満たす金融商品その他の契約とされている。

　①　　１つ又は複数の基礎数値、及び、１つ又は複数の想定元本、もしくは支払条項、あるいはその両方をもつこと
　②　当初に純投資額がないこと、または市況の変化と同様に反応すると考えられる他の契約における純投資額より小さいこと
　③　純額決済を要すること又は認められていること、もしくは契約外の方法によって純額決済が容易であること、又は受取人にとって純額決済と実質的に異ならないような資産の引渡しが行われること

　具体的には、以下の取引が該当する。
　Ａ．先物取引
　　　取引所のルールに従って、将来のある特定の時期に、特定の金額で取引する契約を現時点で締結する取引
　Ｂ．オプション
　　　オプションとは、あらかじめ定められた特定の日に、特定の対象商品（物品、通貨、債券、証券等価値の変動があるもの）を特定の金額で「買える権利（コールオプション）」や「売れる権利（プットオプション）」を売買する契約
　Ｃ．異なる２つの取引において、将来のキャッシュ・フローを交換する約束をする取引（金利（固定・変動）の交換等）

(2) ヘッジ会計の適用要件

① Documentation（文書化）

ヘッジ会計を適用するためには、ヘッジの開始時点で、ヘッジの目的と戦略、ヘッジの手段とその対象、ヘッジの有効性をどのように継続的に測定していくか、について文書化する必要がある。

② Effectiveness

ヘッジは、最低四半期ごとに有効性の検証が行われ、有効でなくなった場合はヘッジとしての処理を中止しなければならない。

なお、ヘッジ手段とヘッジ対象の主要な条件に変更がない場合、有効性検証の際に変化がないことを確認できれば、有効性の検証作業を省略できる。

(3) デリバティブの認識・測定

1. 測定

全てのデリバティブは、その契約上の権利又は義務を貸借対照表上公正価値で測定し、資産又は負債として計上しなければならない。

2. 評価差額の扱い

デリバティブの公正価値の変動額（評価差額）は、当期の損益として認識する。

なお、キャッシュ・フロー・ヘッジの要件を満たす場合には、デリバティブの評価差額の有効部分をその他の包括利益（Other Comprehensive Income）として繰り延べる。また、在外事業への純投資の為替リスクのヘッジ手段としている場合には、有効部分をその他の包括利益に計上する。

⑷　ヘッジ会計

　ヘッジ・モデルにより異なるヘッジ会計が適用される。特定のリスクに起因する公正価値の変動に対するエクスポージャーをヘッジする場合、公正価値ヘッジを適用する。

　また、特定のリスクに起因するキャッシュ・フローの変動に対するエクスポージャーをヘッジする場合には、キャッシュ・フロー・ヘッジを適用する。

①　公正価値ヘッジ

　ヘッジ手段とヘッジ対象の損益計上時期を一致させるため、ヘッジされているリスクに起因するヘッジ対象の評価差額を損益認識する。

　その結果、ヘッジ対象はヘッジされているリスクに関して公正価値で評価された額が貸借対照表上計上されることになる。

②　キャッシュ・フロー・ヘッジ

　ヘッジ手段とヘッジ対象の損益計上時期を一致させるために、ヘッジ手段であるデリバティブの評価差額を損益に計上せず、その他の包括利益（Other Comprehensive Income）に計上し、蓄積していく。ヘッジ対象が損益に影響を与えた期に、その他の包括利益累計額から損益に振り替える。

　ただし、その他の包括利益に計上されるデリバティブの評価差額は有効部分のみであり、非有効部分及び有効性の評価から除外された項目に基づく評価差額は直ちに損益に計上される。

③　外貨ヘッジ

　外貨リスクについては、公正価値ヘッジ、キャッシュ・フロー・ヘッジが認められる。また、在外事業への純投資のヘッジについても容認されている。

5．外貨換算

⑴ 外貨建取引 (Foreign Currency Transactions)

国外にある企業と取引を行う場合、米国企業であれば、U.S ドルで取引を実施すればいいので、為替上は特に問題ない。

しかしながら、商売の相手企業の現地通貨 (Local Currency)、すなわち外貨で取引を行うと、為替レートの変動によって為替差損益が生じることとなる。

＊具体例＊

12月末決算のＡ社は、X1年10月、フランスの顧客に対し、30,000ユーロ (€) 分の商品を掛販売した。支払いはX2年1月であった。

レートは以下のとおりである。

取引時 1 € ＝ $1.3、X1年度末 1 € ＝ $1.35　決済時 1 € ＝ $1.33。

1．取引時

Dr.　Accounts receivable　　　39,000 (*1)
　　　Cr.　Sales　　　　　　　　39,000

(*1) €30,000 × 1.3 ＝ $39,000

2．X1年決算日

Dr.　Accounts receivable　　1,500 (*2)
　Cr.　Foreign currency transaction gain　　1,500

(*2) €30,000 ×（期末日レート1.35 － 取得日レート1.3）＝ $1,500

3. 決済日

```
Dr.    Cash                39,900 (*3)
       Foreign currency transaction loss 600（差額）
    Cr.    Accounts receivable       40,500 (*4)
```

(*3) €30,000 ×期末日レート 1.33 = $39,900
(*4) $39,000 + $1,500 = $40,500

⑵ **機能通貨の決定要因**

Functional Currency（機能通貨）とは、在外事業体の資金収支の主要な部分が行われている通貨をいう。例えば、中国にある子会社が、現地ベースの取引を行っている場合、この子会社が主に使用している通貨は、現地通貨（Local Currency）の元となる。

一方、子会社が親会社と共に営業活動を行っている場合、又は現地通貨がそれほど根付いていない場合、主に使用している通貨は米ドルと判定され、その子会社の機能通貨は米ドルとなる。

この機能通貨の判定要素は、下記のようになる。
① 資金の流れ
② 販売価格
③ 販売市場
④ 費用
⑤ ファイナンス
⑥ 親会社との取引

ただし、Functional Currency（機能通貨）の種類によって親会社の財務諸表に連結するときの表示方法は異なる。

⑶ **換算又は再測定（Translation or Remeasurement）**

機能通貨が決定されると必然的に換算に使用されるレートも

決まってくる。このレートは、機能通貨が現地通貨の場合は換算（Translation）され、米ドルの場合は再測定（Remeasurement）される。

1．換算（Translation）

機能通貨が現地通貨である場合、期末日レート法（Current Rate Method）を使用して換算（Translation）を行う。

期末日レート法で使用する為替レートは以下のとおりである。

> ・資産及び負債　⇒　期末日レート（Current Rate）
> ・資本　　　　　⇒　取得日レート（Historical Rate）
> ・収益及び費用　⇒　平均レート（Weighted-Average Rate）

期末日レート法

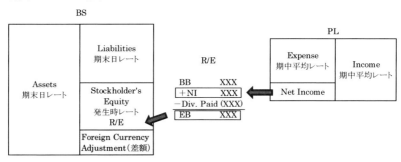

上記の図のように、異なったレートを財務諸表の項目によって使用するため、差額が生じることになる。この差額（Foreign Currency Adjustment）は Other Comprehensive Income として、また累積額が Accumulated Other Comprehensive Income として、貸借対照表の資本に表示されることになる。

2．再測定（Remeasurement）

機能通貨が米ドルの場合、決定された換算レートを使用して再測定（Remeasurement）を行う。

Remeasurement（再測定）法

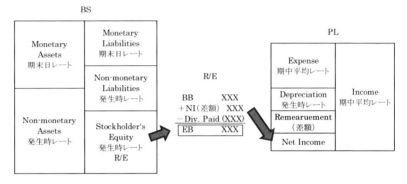

一般的に、Inventories carrying at cost（取得原価で計上されている棚卸資産）、Prepaid expenses（前払費用）、Property, Plant and Equipment（PP&E, 有形固定資産）は Historical rate（取得日レート）で Remeasurement（再測定）が実施される。

一方、Inventories and available-for-sale securities carried at market（時価で計上されている棚卸資産、売買目的有価証券、売却可能有価証券）は Current rate（決算日レート）で Remeasurement（再測定）が実施される。

また、Monetary assets and liabilities（貨幣性資産負債）は Current rate（決算日レート）で換算される。

＊具体例＊
A社はX1年度末に取得したフランスにある在外子会社B社を有している。B社のX2年度の財務諸表は次ページのとおりである。

レートは以下のとおりであった。
X1年度末　　　　　1€＝$1.25
期中平均レート　　　1€＝$1.28
配当金支払日レート　1€＝$1.30
X2年度末　　　　　1€＝$1.32

なお、在外子会社の機能通貨はユーロ（€）である。従って換算にあたって、Current Exchange Rate（期末日法）を用いる。

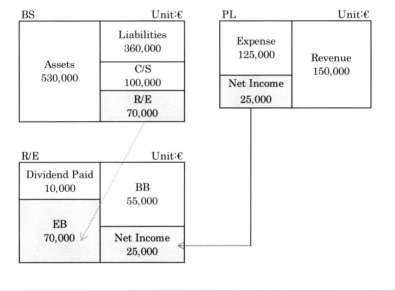

換算後の子会社の財務諸表は以下のとおりとなる。

	Unit: €	Rate	Unit: $
BS			
Assets	530,000	1.32 (*1)	699,600
Liabilities	(360,000)	1.32 (*1)	(475,200)
C/S	(100,000)	1.25 (*2)	(125,000)
R/E	(70,000)	-	(87,750) ←
AOCI	-	-	(11,650) 差額
	0		0
R/E			
Beg. Balance	(55,000)	1.25 (*2)	(68,750)
Net Income	(25,000)	1.28 (*3)	**(32,000)** ←
Dividend Paid	10,000	1.30 (*4)	13,000
End. Balance	(70,000)	-	(87,750)
PL			
Revenue	(150,000)	1.28 (*3)	(192,000)
Expense	125,000	1.28 (*3)	160,000
Net Income	(25,000)	1.28 (*3)	**(32,000)**

(*1)　X2 年度末レート　　1€ = $1.32

(*2)　X1 年度末レート　　1€ = $1.25

(*3)　期中平均レート　　　1€ = $1.28

(*4)　配当金支払日レート　1€ = $1.30

6．パートナーシップ会計（Partnership Accounting）

⑴　パートナーシップの設立

　パートナーシップ（Partnership）は、パートナーシップとしての独立した会計主体である。従って、パートナーシップの資産・負債はパートナー個人のものとは区別して扱われる。

　パートナーシップにおいては、パートナーの拠出した純資産の Fair Market Value（FMV）をパートナーの資本とみなす。パートナーシップにおいて、パートナーの拠出した資産は、すべて FMV として取り扱われる。パートナーシップが引き受けたすべての負債は、現在価値で取り扱われる。

＊具体例＊
X及びYがパートナーシップを設立した。Xは現金100,000を拠出した。YはFMV $80,000の土地を拠出した。この土地には $20,000の負債があり、パートナーシップがこの負債を引き受けた。

（設立時仕訳）

```
Dr.   Cash              100,000
      Land               80,000
      Cr.  Liabilities            20,000
           X Capital             100,000
           Y Capital              60,000 (*)
```

(*) 土地 FMV $80,000 －負債 $20,000 ＝ $60,000

⑵　パートナーシップの利益（損失）の配分（Allocation of Partnership Income（Loss））

　パートナーシップでは、通常、書面による合意により、利益又は損

失の分配額の決定がされる。あらかじめ取決めがない場合は、平等に
分配され、利益の配分だけが取り決められた場合は、損失もその割合
で配分される。

＊具体例＊
XとYはパートナーシップを設立した。XとYのCapital Balance
はそれぞれ＄120,000及び＄80,000であった。
パートナーシップの基本合意は以下のとおりである。
 a．X及びYは、Capital Balanceのそれぞれ5％をInterestとし
　　て受け取る。
 b．Xは＄100,000、Yは＄50,000をそれぞれSalaryとして受
　　け取る。
 c．利益及び損失は、各拠出割合で分配する
 d．本年度のパートナーシップの利益（X及びYへのInterest及び
　　Salary支払い前）は＄110,000であった。

	X	Y	Total
Beginning Capital Balance	$120,000	$80,000	$200,000
5% Interest（*1）	6,000	4,000	10,000
Salary	100,000	50,000	150,000
Loss Distribution（*2）	(30,000)	(20,000)	(50,000)
Ending Capital Balance	$196,000	$114,000	$310,000

(*1) X：＄120,000 × 5％＝＄6,000

　　　Y：＄80,000 × 5％＝＄4,000

(*2) パートナーシップ利益＄110,000 － Interest＄10,000 －

　　 Salary＄150,000 ＝△＄50,000

　　 従って、パートナーシップはInterest、及びSalary控除後で

　　 Lossとなる。

　　 Xの拠出割合　＄120,000 ÷（＄120,000＋＄80,000）＝

　　 60％

　　 従って、Xに対する損失配分額は、Loss $50,000 × 60％＝

　　 ＄30,000となり、Yの損失配分額は＄20,000となる。

⑵ パートナーシップの解散又はパートナーの交代(Partnership Dissolution (Changes in Ownership))

　新しいパートナーが加入したり、パートナーが死去等でパートナーの持分が変更となる場合がある。この場合、パートナーシップは解散し、あらたなパートナーシップが生まれる(パートナーが2名以上の場合)。

　1．新しいパートナーの加入
　　新しいパートナーが加入した場合、そのパートナーがパートナーシップに出資して、持分を取得することができる。この場合、以下の3つのケースが考えられる。

---

①　受取 Capital Balance ＝ 出資金額(Purchase Price)
②　受取 Capital Balance ＞ 出資金額(Purchase Price)
③　受取 Capital Balance ＜ 出資金額(Purchase Price)

⑴　①のケース
　　この場合は、Exact Method という。Goodwill も Bonus もなく、また現在のパートナーの持分に変動はない。

Dr.　Assets　　　　　　XXX
　　　　Cr. Capital　　　　　　XXX

⑵　②及び③のケース
　　この場合は、下記のいずれかの方法によって、会計処理がされることになる。
　　a．ボーナス・メソッド(Bonus Method)
　　b．グッドウィル・メソッド(Goodwill Method)

第9章　その他の会計処理　199

a. ボーナス・メソッド（Bonus Method）

ボーナス・メソッドでは、下記の関係が成立する。

加入前のパートナーシップの Capital ＋ 新パートナーが出資した資産 ＝ 新パートナーシップの Capital

A. 新パートナーの受け取る Capital ＜ 新パートナーの出資金額
この場合は、新パートナーが既存パートナーにボーナスを支払ったとみなす。
⇒既存パートナーの Capital が増加

B. 新パートナーの受け取る Capital ＞ 新パートナーの出資金額
この場合は、既存パートナーが新パートナーにボーナスを支払ったとみなす。
⇒既存パートナーの Capital が減少

（各パートナーの Capital の算定方法）
・既存パートナーの Capital の修正は、Profit（Loss）Sharing Ratio に基づいて行われる。
・新パートナーの Capital は、新パートナーシップの Capital に新パートナーの持分の取得割合を掛けた金額で算定される。

＊具体例＊
X及びYは60％、40％の割合で利益配分を行っている。それぞれの Capital は＄30,000、＄10,000であった。Zは新しく＄35,000の拠出でXYZパートナーシップの3分の1の持分を取得することに合意した。
Goodwill は認識しないものとする。

(1) Z加入時の仕訳

```
Dr.   Cash            35,000
            Cr. X Capital      6,000 (*1)
                Y Capital      4,000 (*2)
                Z Capital     25,000 (*3)
```

(*1) $10,000 (*4) × 60% = $6,000

(*2) $10,000 (*4) × 40% = $4,000

(*3) 新パートナーシップCapital
　　　= X $30,000 + Y $10,000 + Z $35,000 = $75,000
　　　$75,000 × (1/3) = $25,000

(*4) Z拠出額 $35,000 − Z Capital $25,000 = $10,000

(2) 上記の例で、Zが$8,000拠出した場合

```
Dr.   Cash            8,000
      X Capital       4,800 (*5)
      Y Capital       3,200 (*6)
            Cr.   Z Capital        16,000 (*7)
```

(*5) $8,000 (*8) × 60% = $4,800

(*6) $8,000 (*8) × 40% = $3,200

(*7) 新パートナーシップCapital
　　　= X $30,000 + Y $10,000 + Z $8,000 = $48,000
　　　$48,000 × (1/3) = $16,000

(*8) Z Capital $16,000 − Z拠出額 $8,000 = $8,000

b．グッドウィル・メソッド（Goodwill Method）

グッドウィル・メソッドでは、下記の関係が成立する。

加入前のパートナーシップの Capital ＋ 新パートナーが出資した資産 ≠ 新パートナーシップの Capital

グッドウィル・メソッドでは、まず Goodwill を認識する。

Goodwill の計算方法は、新パートナーが取得する Capital の Book Value の金額と新パートナーの拠出金額の大小により、以下の2つの方法がある。

A．新パートナーの受け取る Capital の Book Value
　　＜ 新パートナーの出資金額
　⇒新パートナーの出資金額をもとにして、Goodwill を算定
　　Goodwill は Profit& Loss Ratio によって既存のパートナーの Capital に配分される。

B．新パートナーの受け取る Capital の Book Value
　　＞ 新パートナーの出資金額
　⇒既存パートナーの Capital をもとにして、Goodwill を算定
　　Goodwill は新パートナーに配分される。

＊具体例＊

X及びYは60％、40％の割合で利益配分を行っている。それぞれの Capital は＄30,000、＄10,000であった。Zは新しく＄35,000の拠出でXYZパートナーシップの3分の1の持分を取得することに合意した。

Goodwill を認識するものとする。

Z 加入時の仕訳

```
Dr.   Cash              35,000
      Goodwill          30,000 (*1)
         Cr. X Capital      18,000 (*2)
            Y Capital      12,000 (*3)
            Z Capital      35,000 (*4)
```

(*1) (a) Z 拠出額＄35,000 ÷ (1/3)＝$105,000 (implied value)
     (b) 新パートナーシップ Capital
         ＝ X $30,000 ＋ Y $10,000 ＋ Z $35,000 ＝ $75,000
     (c) (a)－(b)＝$30,000
(*2) ＄30,000 (*1) × 60%＝＄18,000
(*3) ＄30,000 (*1) × 40%＝＄12,000
(*4) Z 拠出額＄35,000

7. IFRS (International Financial Reporting Standards)

(1) IFRS とは

IFRS とは、International Financial Reporting Standards の略で、国際財務報告基準のことである。IFRS は IASB (International Accounting Standards Board) が作成しており、世界 100 ヶ国以上で導入されている。米国では、2007 年から上場する外国企業に対して IFRS の適用が認められており、日本では 2010 年 3 月より国内の上場企業で任意適用が認められている。

(2) 原則主義

IFRS は基本的な考え方を示す原則主義である。一方、米国基準は規則主義であり、具体的な細かい数値判断基準がある。日本基準も米国と同様、規則主義である。

(3) アドプションとコンバージェンス

① アドプション

アドプションとは、現在の自国の基準を IFRS に置き換えることを意味する。

② コンバージェンス

コンバージェンスとは、自国の基準を保持しながら、IFRS と実質的に同等の基準とするための作業を永久的に実施することをいう。この場合、自国の管理当局に提出する法定財務諸表は、引き続き IFRS ではなく IFRS に実質的に同等と判断される自国の基準を用いて作成されることになる。

現在の IFRS に対する米国及び日本のアプローチは、コンバージェンスである。当面、米国では IFRS のアドプションではなく、コンバージェンスを実施していくものと思われる。また、日本も引き

続きコンバージェンスを実施してくものと思われる。

⑷ 日本版 IFRS

日本の会計基準設定主体である企業会計基準委員会（ASBJ）は、2015年6月、「Japan's Modified International Standards（JMIS）：Accounting Standards Comprising IFRSs and the ASBJ Modifications」、すなわち、「日本版 IFRS」と呼ばれる修正国際基準を公表した。この基準では、一部 ASBJ が策定した基準を適用し、それ以外は IFRS の基準をそのまま適用することになる。強制適用ではなく、任意適用であり、2016年3月31日以後終了する連結会計年度にかかる連結財務諸表（四半期は2016年4月1日以後開始する連結会計年度にかかる四半期連結財務諸表）から適用可能となる。

⑸ 収益認識基準

IASB と FASB は、共同で策定した収益認識基準、IFRS 第15号「顧客との契約から生じる収益」を公表した。当該基準により、IFRS 及び米国基準における収益認識に関する現行の規定はすべて置き換えられることになる（詳細は、コーヒーブレーク③参照のこと）。

第10章
英文財務諸表の作成実務

1．英文貸借対照表の特徴

　第1章では、貸借対照表の概要について記載した。貸借対照表は、一定時点における企業の財政状態を開示する報告書で、資産（Assets）、負債（Liabilities）及びその差額として資本（Shareholder's Equity）の状況を示す。

　日本の貸借対照表と比較すると、米国は流動性向が非常に重視されている。米国の貸借対照表上では、流動資産（Current assets）と流動負債（Current liabilities）は必ず各合計額が表示される。一方、固定資産（Non-current assets）と固定負債（Non-current liabilities）は各合計額が記載されることは実務上ほとんどない。

　上記のように、米国では流動性比率が大きな関心ごとになっている。流動性比率とは、流動負債に対する流動資産の割合である。この割合が高ければ、企業の短期的財務の安全性が高いということになる。すなわち、流動負債を弁済するのに十分な流動資産があると考えられるからである。

　流動と固定の区分は、一般的に、貸借対照表日以降1年以内（1年基準）と企業の正常営業循環期間のいずれか長い方により行われる。正常営業循環とは、通常の企業の営業サイクルをいう。当該基準により1年を超える債権・債務が流動資産及び流動負債に含められる場合には、1年を超える金額を開示することが要求されている。

第10章　英文財務諸表の作成実務　*207*

流動項目と固定項目の区分方法

正常営業循環基準・・・営業サイクルの中にある項目を流動資産・ 　　　　　　　　　　　流動負債とする基準 １年基準・・・・・・・貸借対照表日以降１年以内に決済される 　　　　　　　　　　　ものを流動資産・流動負債とする基準

⑴ **資産の部（Assets）**

　資産の部の区分について、日米の表示方法を比較してみると以下のようになる。

資産の部の日米比較

米国	日本
流動資産（Current assets）	流動資産
有形固定資産	固定資産
（Property, plant and equipment）	有形固定資産 　無形固定資産 　投資その他の資産
その他の資産（Other assets）	繰延資産

１．流動資産

　① 現金及び現金等価物

　　現金に関して特に日米で大きな相違はない。ただし、米国では拘束預金（特定の目的以外の使用を制限されている預金）については別建て表示することが要求されている。

　　定期預金や譲渡性預金については、預金日あるいは取得日から満期までの期間が３か月以内であれば、現金及び現金等価物に含められ、３か月超の場合は短期投資（Short-term investment）として表示される。

　② 受取債権（Receivables）

　　日本において、受取債権は、受取手形、売掛金、未収金、前受金

といった別区分表示がされるが、米国においては、通常の商取引による債権はまとめて、"Trade receivable"として表示する場合が多い。米国では、受取手形の商慣習はほとんどない。

日本では、通常の営業取引以外の取引から生じる債権として、例えば、前渡金、短期貸付金、立替金等が別区分表示されるが、米国では、通常 "Other receivable" として表示することが多い。

ただし、当該金額が重要性のない場合は、"Trade receivable" に含めて表示される。

また、通常の営業活動以外の取引から生ずる債権のうち、役員・従業員に対する貸付金、親会社・子会社・関連会社に対する貸付金については、重要性がある場合には、別建表示することが要求される。

受取債権は、貸借対照表日時点の回収可能見積額又は実現可価額で計上する必要がある。そのため、貸倒引当金、返品・値引きに対する引当金、割賦債権に含まれる前受利息は債権総額から控除して表示しなければならない。

③ 棚卸資産 (Inventories)

米国では、棚卸資産は、一般的に "Inventories" として一括表示される。一方、日本では製品、商品、半製品、原材料、仕掛品、貯蔵品に分類して表示しなければならない。なお、米国の SEC では、棚卸資産の種類別内訳を脚注で開示しなければならない。

棚卸資産にかかる評価損引当金 (Inventory reserve) は貸借対照表の棚卸資産から直接控除して表示される。

④ 有価証券 (Marketable securities) 及び投資有価証券 (Investment securities)

特定金銭信託等については、米国では、当該運用内容は、有価証券とほぼ同じであることから有価証券 (Marketable securities) 又は投資有価証券 (Investment securities) に含め

第 10 章 英文財務諸表の作成実務 *209*

て表示するのが一般的である。一方、日本では、特定金銭信託等について、特に現行の財務諸表等規則では規定が設けられていないが、金銭信託が財務諸表等規則第 15 条第 1 号の預金に該当することから、当面の取り扱いとして、原則として、"現金及び預金"に含めて表示することとし、金額に重要性がある場合は別建て表示することが望ましいとされている。

米国では、流動資産の有価証券について、Short-term investments という科目を用いる場合もある。

⑤　前払費用及びその他の流動資産 (Prepaid expenses and other current assets)

前払費用 (prepaid expenses) は、通常 1 年以内に費用となるものについてのみ流動資産に表示する。前払費用の金額に重要性がある場合、別建て表示がされるが、一般的には重要性がないため、他の流動資産とともに、"Other assets" として表示される。

2. 有形固定資産 (Property, plant and equipment)

米国では、有形固定資産の表示は、一般的に "Property, plant and equipment" として表示される。またその詳細な項目を開示することも多い。一般的な項目とは以下のとおりである。
- (a)　土地 (land)
- (b)　建物 (buildings)
- (c)　リース附帯設備 (leasehold improvements)
- (d)　機械及び装置 (machinery and equipment)
- (e)　器具及び備品 (furniture and fixtures)
- (f)　建設仮勘定 (construction in progress)

米国では土地が最初に表示されるのが一般的であり、日本の償却資産の後に表示する方法とは異なる。また建設仮勘定は、米国では、

明らかに建物、機械装置等に組み替えすることが確実に予想される場合には、当該勘定へ組み替えて表示されることが多い。日本のように長期にわたって建設仮勘定が表示されるということはほとんどない。

　米国では、減価償却累計額（accumulated depreciation）は有形固定資産の総原価から総額で控除する形式で表示される。一方、日本では、有形固定資産の勘定科目ごと、又は合計額から控除する形式で表示するか、あるいは減価償却累計額控除後の有形固定資産の帳簿価額で表示し、累計額を脚注で示すか、いずれかの方法で開示することが認められている。

３．その他の資産（Other assets）
　①　投資その他の資産（Investments and other assets）
　投資（investments）には以下の項目が含まれる。
　　(a)　子会社・関連会社株式（investment in subsidiaries and affiliates）
　　(b)　子会社・関連会社貸付金（advances to subsidiaries and affiliates）
　　(c)　長期保有上場株式（non-current marketable equity securities）
　　(d)　非上場有価証券（non-marketable investment securities）
　　(e)　生命保険証券（life insurance policy）
　　(f)　投資不動産（investments in real estate）

　(a)子会社・関連会社株式及び(b)子会社・関連会社貸付金については、まとめて "Investments in and advances to subsidiaries and affiliates" として表示されるのが一般的である。

　(c)長期保有上場株式及び(d)非上場有価証券については、まとめ

第10章　英文財務諸表の作成実務　*211*

て "Investment securities" として表示し、その明細を注記で開示するのが一般的である。

(e)の生命保険証券は、会社を受取人とする役員・従業員等に対する生命保険で満期に積立金が返金されるもので、資産評価は貸借対照表日現在の解約原価 (cash surrender value) による。これは、解約による損害金等を控除した実現可能価額で資産計上を行うためである。

②　投資以外のその他の資産 (Other assets)
　⒜　投資以外のその他の資産 (Other assets) には以下の項目が含まれる。
　⒝　無形固定資産 (intangible assets)
　⒞　長期貸付金 (long-term loans receivable)
　⒟　長期前払費用 (long-term prepayments)
　⒠　賃借契約の補償金 (lease deposits)
　⒡　繰延費用 (deferred charges)

(a)の無形固定資産には、特許権 (patent)、商標権 (trademark)、営業権 (のれん) (goodwill) 等が含まれる。無形固定資産は、貸借対照表上、償却累計額を控除した純額で表示される。

(e)の繰延費用は、日本の繰延資産 (deferred assets) と基本的に同様である。ただし、日本の方が繰延資産の範囲が広く、償却資産とすることが認められる開業費、創業費等については、米国では費用処理しなければならない。

⑵ 負債・資本の部 (Liabilities and Shareholder's equity)

　負債・資本の部区分について、日米の表示方法を比較してみると以下のようになる。

負債・資本の部の日米比較

米国	日本
流動負債 (Current liabilities) 固定負債 (Non-current liabilities) 契約及び偶発債務 (Commitments and 　　contingent liabilities) 株主資本 (Shareholder's equity) 　資本金 (Common stock) 　資本剰余金 (Additional paid 　　in capital) 　利益剰余金 (Retained 　　earnings) 　その他の包括利益累計額 　(Accumulated other 　comprehensive income) 　自己株式 (Treasury Stock) 非支配持分 (Non-controlling 　interest in subsidiaries)	（負債の部） 流動負債 固定負債 （純資産の部） 株主資本 　資本金 　資本剰余金 　利益剰余金 　自己株式 評価・換算差額等 / その他の 包括利益累計額 新株予約権 非支配株主持分

第 10 章　英文財務諸表の作成実務　*213*

1．流動負債（Current liabilities）
　①　短期借入金（Short-term loan payable）
　　　　短期借入金（Short-term loan payable）には、銀行借入金と
　　　それ以外の借入金が含まれる。米国では、支払手形を振り出す習
　　　慣がほとんどないため、"Note payable"と表示される場合は、
　　　銀行からの手形借入とみなされる。

　②　支払債務（Payable）
　　　　受取債権と同様、通常の取引から生じた債務、関係会社に対す
　　　る債務、及びその他の債務に区分して表示する。米国では、支払
　　　債務も"Trade accounts payable"の範囲が広く、日本の買掛
　　　金及び未払金の両方含まれることが一般的である。
　　　　上記短期借入金で述べたとおり、米国では支払手形を振り出
　　　す習慣がないため、手形借入と区別するために"Trade notes
　　　payable"と表示する。

　③　未払費用（Accrued expenses）
　　　　未払費用（Accrued expenses）は、時の経過とともに発生し
　　　期間に対応して見積計上されたものである。例えば、未払給与、
　　　未払賞与が該当する。金額的に確定しているものは未払金として
　　　区分して処理する必要がある。
　　　　米国による未払費用は、すでに発生している費用の見積計上額
　　　である。例えば、未払給与、未払賞与等のみならず、日本の引当金
　　　である製品保証引当金、賞与引当金、有給休暇引当金等について
　　　も、すでに発生している費用の見積計上として、未払費用の中に
　　　含まれる。
　　　　同様に、米国では未払法人税等については、未払費用に含まれ
　　　るが、日本では所得に対する未払税金であるため、他の項目とは
　　　区分して表示される。

2. 固定負債 (Non-current liabilities)

① 長期借入債務 (Long-term debt)

　　日本では、長期借入金、社債、転換社債、リース債務等に区分して表示するが、米国では、これらをまとめて長期借入債務 "Long-term debt" として表示するのが一般的である。

② 長期引当金 (Long-term estimated liabilities)

　　日本では、退職給付引当金は他の負債と区分して表示される。

　　米国では、引当金 (Reserve) は、すでに発生している費用の見積計上であるとの考え方より、引当金として区分表示されない。

③ 契約及び偶発債務 (Commitments and contingent liabilities)

　　米国では、将来発生することが予想される契約による債務 (Commitment) 及び偶発債務 (Contingent liabilities) については、貸借対照表上、負債 (Liabilities) と資本 (Shareholder's equity) の間に、"Commitments and contingent liabilities" と表示することがある。貸借対照表上、金額は記載せず、注記において主に次の項目を開示する。

(a) 割引手形 (notes receivable discount)

(b) 裏書手形 (notes receivable endorsed)

(c) 未履行契約債務 (commitment)

(d) 長期賃貸契約 (long-term leases)

３．資本の部 (Shareholder's equity)

　日本における資本の部 (Shareholder's equity) は純資産の部と呼ばれ、大きく株主資本と株主資本以外に区分される。株主資本以外の項目には、評価換算差額等 (連結の場合は、その他の包括利益累計額)、新株予約権、非支配株主持分 (連結の場合) が含まれる。
　米国の資本の部は、支配持分 (株主持分) と非支配持分に区分される。

①　資本金 (Capital stock)
　　資本金には、普通株式 (Common stock) と優先株式 (Preferred stock) がある。
　　資本金については、一般的に以下の項目が開示される。
　(a)　株式の種類
　　　額面株 (par value stock) と無額面株 (no par value stock) の区別
　　　額面株については額面金額 (par value)
　(b)　授権株式数 (number of authorized shares) と発行済株式総数 (number of outstanding shares)
　(c)　期中資本金増減の内容

　　(a)及び(b)については、一般的に貸借対照表上に表示されることが多い。

②　資本剰余金 (Additional paid-in capital)
　　資本剰余金は株主からの払込資金のうち、資本金に組み入れなかった金額である。
　　資本剰余金の項目のうち、米国では新株発行費用は税効果考慮後で資本準備金より控除され、日本の費用処理または繰延資産として処理する方法と異なるため留意が必要である。

③ 利益剰余金 (Retained earnings)

　利益剰余金は、利益準備金、任意積立金、及び当期未処分利益剰余金の３つに分かれる。米国では、利益準備金 (Legal reserve) と、任意積立金及び当期未処分利益剰余金を一括した利益剰余金 (Retained earnings) との２つに区分して表示する。

④ その他の包括利益累計額 (Accumulated other comprehensive income)

　日本では、個別貸借対照表では、評価・換算差額等と表示され、連結貸借対照表上では、その他の包括利益累計額と表示される。いずれも株主資本とは区分して表示される。

　米国では、その他の包括利益累計額 (Accumulated other comprehensive income) は株主資本の区分に含まれる。

⑤ 自己株式 (Treasury stock)

　自己株式 (Treasury stock) は、日米とも株主資本の最後に表示され、控除する形式で表示される。

⑥ 非支配株主持分 (Non-controlling interest)

　非支配株主持分は、日米とも株主資本とは区分して純資産の部の最後に表示される。

⑦ 新株予約権

　日本では、純資産の部に株主資本とは区分して新株予約権を表示するが、米国では当該区分表示はない。

第10章　英文財務諸表の作成実務　217

２．英文損益計算書の特徴

　第１章では、損益計算書の概要について記載した。損益計算書は、一定期間における企業の経営成績を表す財務諸表である。英文の損益計算書は、日本と比較して、非常に簡潔明瞭である。日本の有価証券で表示されるような、売上原価、販売費及び一般管理費、営業外損益等の詳細な内訳は示されない。詳細な内訳が必要な場合、注記又は附属明細表の形で開示されることになる。

　米国の損益計算書は、企業の経営成績を分かりやすく開示しようという考えに基づくものであり、簡潔明瞭な表示となっている。投資家のみならず、一般株主や顧客等にも利用しやすいよう表示となっている。

包括利益を表示する計算書

　包括利益を表示する計算書は、次のいずれかの形式による。連結財務諸表においては、包括利益のうち親会社株主に係る金額及び非支配株主に係る金額を付記する。

(1)　当期純利益を表示する損益計算書と、その他の包括利益を表示する包括利益計算書からなる形式（２計算書方式）

(2)　当期純利益の表示とその他の包括利益の表示を１つの計算書（「損益及び包括利益計算書」）で行う形式（１計算書方式）

　米国では、通常の継続事業からの損益とは区分して、その他の包括利益の前に、以下の項目を表示することが要求されている。

・非継続事業項目に伴う損益(Income or loss from Discontinued Operation)

・特別損益 (Extraordinary Gains or Losses)

　損益計算書の部区分について、日米の表示方法を比較してみると以下のようになる。

損益計算書（一計算書方式）の日米比較

米国	日本
	経常損益の部
	営業損益
純売上高 (Net sales)	売上高
売上原価 (Cost of sales)	売上原価
売上総利益 (Gross profit)	
販売費及び一般管理費	販売費及び一般管理費
(Selling, general and	
administrative expenses)	
営業利益 (Operating income)	営業利益
	営業外損益
営業外収益 (Other income)	営業外収益
営業外費用 (Other expenses)	営業外費用
	経常利益
	特別損益の部
	特別利益
	特別損失
税引前当期純利益	税引前当期利益
(Income before income	
taxes)	
法人税等充当額	法人税、住民税及び事業税
(Provision for income taxes)	
当期純利益 (Net income)	当期純利益
その他の包括利益	その他の包括利益
その他の包括利益合計	その他の包括利益合計
包括利益	包括利益

第10章 英文財務諸表の作成実務 219

なお、米国では、損益計算書を次の形式で作成する場合もある。

Sales and other income
    Net sales   XXX
    Other income   XXX
                                                  XXX

Cost and expenses
    Cost of sales   XXX
    Selling, general and administrative expenses   XXX
    Interest   XXX
    Other expenses   XXX
                                                    XXX
    Income before income taxes   XXX
    Provision for income taxes   XXX
        Net income   XXX

　上記のような損益計算書の様式を、単一区分損益計算書（single-step income statement）と呼ぶ。この様式では、収益を収益の区分で集約し、費用は費用の区分で集約する方式で、米国の大手企業でしばしば営業報告書でみられる。このような単一区分損益計算書が一般に認められるようになった理由は、米国の大企業が多角化してきたために、事業経営の成績を明瞭に表示するために、売上総利益、営業利益の区分表示をすることが、それほど財務諸表の利用者にとって重要ではないと考えられるようになったからである。

　一方、前述した営業損益区分と営業外損益区分とに区分する方法を区分損益計算書（multiple-step income statement）と呼び、一般的な開示様式となっている。

⑴　**売上高 (Net sales)**

　売上高には、以下の項目が含まれる。

　⒜　商品・製品の純売上高（総売上高より売上割引・値引及び返品
　　　高を控除後）

　⒝　賃貸収入

　⒞　サービス収入等

　SEC 基準では、上記の科目のいずれかが全体の売上高合計の 10%
以下であれば、1 つの科目として集約できる。例えば、製品の売上
が 95%、サービス収入が 5% の場合、サービス収入の全体の割合が
10% 未満のため、製品の売上と合算し、合計金額で "Net sales" と
して表示することができる。

　売上割引及び仕入割引の取り扱いであるが、日本では売上割引及び
仕入割引は金融費用及び収益として営業外費用・収益に計上される。
一方、米国では、売上及び仕入に直接関係する費用・収益として、売
上及び仕入値引・返品と同様に売上及び仕入から直接控除される。

　売上高は親会社及び関連会社に対するものとそれ以外に対するもの
を区分して表示しなければならない。なお、親会社及び関連会社との
取引については、売上原価、販売費及び一般管理費等を含めて注記で
開示することも実務上よく行われる。

⑵　**売上原価 (Cost of sales)**

　日本では、一般的に営業外収益あるいは営業外費用に表示される原
価差額、棚卸資産評価損、廃棄損等の棚卸資産に係る費用も、米国で
は売上原価に含めて表示される。

　また、売上の区分と同様に、1 つの科目が全体の 10% 未満の場合
には、他の科目と集約して表示することができる。

第 10 章　英文財務諸表の作成実務　*221*

⑶　**販売費及び一般管理費（Selling, general and administrative expenses）**

　販売費及び一般管理費は、米国ではその内訳を示さず総額で表示する場合が多く、日本の有価証券報告書で示されるような詳細な内訳は示されない。なお、重要性がある場合は、財務諸表とは別に内訳を示すこともある。

　日本では、貸倒引当金戻入益は特別利益に該当するが、米国では販売費及び一般管理費より控除して表示される。

⑷　**営業外収益及び費用（Other income, other expenses）**

　営業外収益及び費用には、金融収益・費用が含まれる。

　営業外収益には以下の項目が含まれる。

　⒜　受取配当金（dividends received）

　⒝　受取利息（interest income）

　⒞　有価証券売却益（gain on sales of securities）

　⒟　為替差益（exchange gain on foreign currency transactions）

　⒠　雑収益（miscellaneous other income）

　営業外費用には以下の項目が含まれる。

　⒜　支払利息（interest expenses）

　⒝　有価証券売却損（loss on sales of securities）

　⒞　有価証券評価損　（unrealized losses on securities）

　⒟　為替差損（exchange losses on foreign currency transactions）

　⒠　雑損失（miscellaneous other expenses）

　なお、有価証券売却損益、為替差損益については、純額で表示するのが一般的である。

⑸ **異常項目（Extraordinary items）**

　米国における損益計算の基本的概念は総合主義であり、原則として一事業年度中に認識された損益項目は、すべて当期の経常損益の中に含まれる。従って、日本の財務諸表上の特別損益項目は、米国では通常、営業外損益項目に含めて表示することになる。

　ただし、その性格が臨時的で、かつ当期の損益に与える影響が重大な異常項目については、"Extraordinary item"として区分表示される（具体的な内容については、第5章4. ⑴非経常損益項目を参照のこと）。

　なお、FASBは、2014年1月、ASU第2015-01号「特別損益項目の概念の削除による損益計算書の表示の簡素化」を公表した。このASUにより、米国の損益計算書から特別損益項目の概念が削除されることとなる。（具体的な内容については、「コーヒーブレーク③」を参照のこと）。

⑹ **一株当たりの情報（Per share data）**

　日本では、一株当たり利益及び純資産を注記する必要があるが、米国では、損益計算書の末尾に一株当たり情報として、一株当たり利益（net income per share）及び一株当たり配当金（dividend per share）を表示しなければならない（一株当たり利益については、第9章　第1節「一株当たり利益」を参照のこと）。

⑺ **非継続事業項目に伴う損益**

　米国では、非継続事業項目に係る損益を、一般の継続事業からの損益とは区分して表示することが要求されている。

　ただし、FASBは、2014年4月、ASU第2014-08号「非継続事業の報告及び企業の構成単位の処分に関する開示」を公表した。このASUにより、非継続事業の定義が改訂され、非継続事業の規準を満たさない処分取引に関する追加的な開示を要求している。（具体的な内容については、「コーヒーブレーク③」を参照のこと）。

第10章　英文財務諸表の作成実務　*223*

３．英文財務諸表の作成

⑴　組替え

　以上、これまで見てきた内容について、簡単に日本の有価証券報告書ベースの財務諸表がどのようにして英文財務諸表へ組み替えられるか、具体例で見ていくこととする。

　まず、貸借対照表の資産の部から見ていく。有価証券報告書の勘定科目の右側に英文科目を表示している。また組替えをする上で説明を要する項目については、金額の右側に○で囲んだ数字を記載し、組換え後の英文財務諸表の左側の○で囲んだ数字と関連づけている。その後、負債・純資産の部を見ていく。

　各有価証券報告書の財務諸表の末尾に、組替えを行うための参考となる情報が記載されている。

　日米の勘定科目名については、あくまでも例示であり、実際の名称とは異なることがあることをご了承ください。

　また、財務諸表等規則に規定されている開示にかかる数値基準は無視するものとする。

1）貸借対照表資産の部

ABC社貸借対照表
平成XX年3月31日
資産の部

（単位 百万円）

（資産）	（Assets）		
Ⅰ 流動資産	Current Assets		
1 現金及び預金	Cash and cash equivalent	1,320	①②
2 受取手形	Trade notes receivable	450	③
3 売掛金	Accounts receivable	2,200	③④
4 商品	Merchandise	40	⑤
5 製品	Finished goods	850	⑤
6 仕掛品	Work in process	120	⑥
7 前渡金	Advances payment	65	⑦
8 前払費用	Prepaid expenses	275	⑦
9 短期貸付金	Short-term loans	1,000	③④
10 その他の流動資産	Other current assets	240	⑦
11 貸倒引当金	Allowance for doubtful accounts	△ 60	③
流動資産合計	Total current assets	6,500	
Ⅱ 固定資産	Fixed Assets		
（1）有形固定資産	Tangible fixed assets		
1 建物	Buildings	2,600	⑨
2 機械及び装置	Machinery and equipment	980	⑩
3 工具器具及び備品	Tools, furniture and fixtures	130	⑩
4 土地	Land	3,000	⑧
5 建設仮勘定	Construction in progress	300	⑨
6 減価償却累計額	Accumulated depreciation	△ 2,710	⑪
有形固定資産合計	Total tangible fixed assets	4,300	
（2）無形固定資産	Intangible fixed assets		
1 営業権	Goodwill	32	⑭
2 特許権	Patent rights	45	⑭
3 商標権	Trade mark	23	⑭
無形資産合計	Total intangible fixed assets	100	
（3）投資その他の資産	Investments and other assets		
1 投資有価証券	Investment in securities	550	⑫
2 関係会社株式	Investment in affiliated companie	300	⑬
3 役員・従業員長期貸付金	Long-term loans to officers and employees	40	⑭
4 関係会社長期貸付金	Long-term loans to affiliates	65	⑬
5 その他の資産	Other assets	45	⑭
投資その他の資産合計	Total investment and other assets	1,000	
固定資産合計	Total fixed assets	5,400	
Ⅲ 繰延資産	Deferred Assets		
1 株式交付費	Stock issuance cost	43	⑭
2 社債発行費	Bond issuance cost	57	⑭
繰延資産合計	Total deferred assets	100	
資産合計	Total assets	12,000	

第 10 章　英文財務諸表の作成実務　*225*

その他情報

A. 現金・預金のうち定期預金が200百万円あり、このうち50百万円が3ヶ月定期であり、残りの150百万円は6ヶ月定期預金である。……①及び②

B. 貸倒引当金は関係会社以外の受取債権にかかるものである。…③

C. 建設仮勘定は建物に係るものである。……⑨

D. 関係会社に対する債権は以下のとおりである。

関係会社売掛金	200百万円	……④
関係会社短期貸付金	700百万円	……④
関係会社長期貸付金	65百万円	……⑬

＜組替え後の英文財務諸表＞

ACB Corporation
Balance Sheet
March 31, 20XX

（単位 百万円）

Assets

Current assets

①	Cash and ach equivalent	1,170
②	Short-term investments	150
③	Trade accounts and notes receivable	2,690
	less allowance for doubtful accounts	
④	Affiliated Companies	900
⑤	Finished goods and merchandise	890
⑥	Work in progress	120
⑦	Other current assets	580
	Total current assets	6,500

Property plant and equipment, at cost

⑧	Land	3,000
⑨	Buildings	2,900
⑩	Machinery and equipment	1,110
⑪	Less accumulated depreciation	△ 2,710
		4,300

Other assets

⑫	Investment securities	550
⑬	Investment in and advances to affiliates	365
⑭	Other	285
	Total assets	12,000

＜資産の部の説明＞

1．流動資産

(1)　①の現金・預金のうち、日本では別建て表示されない定期預金（Time deposit）については、預金日から満期までの期間が３ヶ月超の定期預金は、②短期投資（short-term investment）として表示されている。

(2)　受取債権（receivable）については、英文財務諸表の"Trade"の概念が広いため、売掛金及び受取手形及び短期貸付金（関係会社貸付金を除く）をまとめて③ Trade accounts and notes receivable）としている。なお、受取手形や短期貸付金等に重要性がある場合は、Trade とは区別して表示することも可能である。

　　　なお、貸倒引当金は債権金額から直接控除している。この場合は、貸倒引当金額について注記をする必要がある。

(3)　日本では金額的に重要性があれば関係会社（affiliates）に対する債権は注記事項とされる。米国では、関係会社に対する債権については、まとめて④ Affiliated companies として独立表示している。

(4)　棚卸資産は、重要性を考慮して、⑤製品・商品（finished goods and merchandise）及び⑥仕掛品（work in process）に区分している。なお、貸借対照表上、Inventories としてまとめて表示することも可能であるが、その場合は棚卸資産の内訳を注記する必要がある。

(5)　⑦その他の資産（other current assets）には、前渡金、前払費用、及びその他の流動資産が含まれている。

第 10 章　英文財務諸表の作成実務　*227*

⑹　流動資産（Current assets）以外は、大きく Property, plant and equipment 及び Other assets に区分される。日本では、固定資産の区分を設け、それぞれ有形固定資産、無形固定資産、投資その他の資産の３つに区分されるが、米国では、一般的に Non-current assets として合計金額は表示しない。

２．有形固定資産

　有形固定資産は、米国では一般的に償却資産からではなく、⑧土地から表示する。また、⑨建物には、建設仮勘定（construction in progress）を含めて表示している。また、工具器具及び備品は、金額的に重要性がないため、⑩機械及び装置（machine and equipment）に含めて表示している。

　⑪減価償却累計額（accumulated depreciation）については、取得原価から控除する形式で表示している。

　なお、有形固定資産について、減価償却累計額控除後の純額で表示している場合には、有形固定資産の内訳について、注記する必要がある。

３．投資その他の資産

　投資その他の資産では、⑫投資有価証券は、investment securities として表示し、⑬関係会社株式及び関係会社長期貸付金については、一括して Investment in and advances to affiliates として表示している。

　⑭その他の資産（other assets）は、無形固定資産、役員・従業員長期貸付金、繰延資産及びその他の資産が含まれている。個々の勘定科目に重要性がある場合、別掲表示することが必要となる。

2) 貸借対照表負債・純資産の部

ABC社貸借対照表
平成XX年3月31日
負債の部

（単位 百万円）

（負債）		（Liabilities）			
I	流動負債	Current Liabilities			
	1 支払手形	Trade notes payable		265	⑰
	2 買掛金	Trade accounts payable		1,200	⑰
	3 短期借入金	Short-term loans payable		350	⑮
	4 一年以内返済予定長期借入金	Current portion of long-term debt		500	⑯
	5 未払金	Other accounts payable		435	⑰
	6 未払法人税等	Accrued income taxes		300	⑲
	7 未払費用	Accrued expenses		101	⑱
	8 前受金	Advanced received		170	⑰
	9 預り金	Deposits received		53	⑳
	10 その他の流動負債	Other current liabilities		126	⑳
	流動負債合計	Total current liabilities		3,500	
II	固定負債	Non-current Liabilities			
	1 社債	Straight bonds		945	㉒
	2 長期借入金	Long-term loans payable from bank		1,000	㉑
	3 関係会社長期借入金	Long-term loans payable from affiliates		300	㉓
	4 リース債務	Lease obligation		445	㉔
	5 退職給付引当金	Estimated retirement allowances		510	㉕
	固定負債合計	Total non-current liabilities		3,200	
	負債合計	Total liabilities		6,700	

純資産の部

（単位 百万円）

（純資産）		（Net assets）			
I	株主資本	Shareholder's equity			
	1 資本金	Common stock		2,500	㉖
	（授権株数）	Number of shares authorized	100,000,000		
	（発行済株式数）	Number of shares issued	25,000,000		
	2 資本剰余金	Additional paid-in capital		500	㉗
	3 利益剰余金	Retained earnings			
	（1）利益準備金	Legal reserve		700	㉘
	（2）その他の剰余金	Retained earnings		1,600	㉙
	利益剰余金合計	Total retained earnings		2,300	
	純資産合計	Total net assets		5,300	
	負債及び純資産合計	Total liabilities and net assets		12,000	

第10章 英文財務諸表の作成実務 *229*

＜組替え後の英文財務諸表＞

ACB Corporation
Balance Sheet
March 31, 20XX

（単位 百万円）

Liabilities and Shareholder's Equity

Current liabilities

⑮	Short-term loans payable	350
⑯	Current portion of long-term debt	500
⑰	Trade accounts and notes payable	2,070
⑱	Accrued expenses	101
⑲	Accrued income taxes	300
⑳	Other current liabilities	179
	Total current liabilities	3,500

Non-current liabilities

㉑	Loan payable from Bank	1,000
㉒	Straight bonds	945
㉓	Loans due to affiliates	300
㉔	Lease obligation	445
㉕	Estimated retirement allowances	510
	Total liabilities	6,700

Shareholder's equity

㉖	Common stock, $100 per value per share 100,000,000 shares authorized, 25,000,000 shares issued and outstanding	2,500
㉗	Additional paid-in capital	500
㉘	Legal reserve	700
㉙	Retained earnings	1,600
	Total shareholder's equity	5,300
	Total liabilities and shareholder's equity	12,000

＜負債及び純資産の部の説明＞

1．負債の部

(1) ⑮短期借入金（short-term loans payable）又は1年以内に返済予定の⑯長期借入金（current portion of long-term debt）については、一般的に流動負債の一番上に表示される。

(2) 支払債務（payable）については、受取債権と同様に、支払手形及び買掛金を一括して表示する。また重要性がない未払金、前受金についても⑰支払債務（trade accounts and notes payable）に含めて表示している。

(3) ⑱未払費用（Accrued expenses）及び⑲未払法人税等（Accrued income taxes）については、別掲しているが、重要性がない場合には、⑲その他の流動負債（other current liabilities）に含めても問題はない。なお、預り金（Deposits received）及びその他の流動負債（other current liabilities）は、まとめて⑳その他の流動負債（other current liabilities）に含めて表示している。

(4) 長期借入金については、借入件数が多い場合、合計金額を㉑長期借入金（Long-term loans payable from Bank）のような科目で表示し、利率・割引率・返済期日等の内容に関しては注記で開示する方法が望ましい。㉒社債（Straight bonds）についても同様である。
長期借入金のうち、㉓関係会社長期借入金については、関係会社に対する借入のため、Loans due to affiliatesという科目で表示している。

第10章　英文財務諸表の作成実務　*231*

(5)　㉔リース債務（Lease obligation）及び㉕退職給付引当金
　　（Estimated retirement allowance）については、金額的に重要
　　性があるため他の固定負債と区分して別掲している。

2. 純資産の部

　純資産の部（shareholder's equity）の表示は、一般的に大きく4つ
に分類される。㉖資本金（capital stock）、㉗資本剰余金（additional
paid-in capital）、㉘利益準備金（legal reserve）、㉙利益剰余金
（retained earnings）である。利益剰余金には、任意積立金、当期末処
分利益等を含んでいる。

3) 損益計算書

ABC社損益計算書
自平成XX年4月1日　至平成XX年3月31日

（単位 百万円）

I	売上高	Net sales	11,254	①
II	売上原価	Cost of sales	7,955	②
	売上総利益	Gross profit	3,299	
III	販売費及び一般管理費	Selling, general and administrative expenses	914	③
	営業利益	Operating income	2,385	
IV	営業外収益	Non-operating income		
	受取利息	Interest income	45	④
	受取配当金	Dividend income	26	④
	為替差益	Gains on foreign currency exchang	47	⑨
	持分法投資損益	Equity income from investment	75	⑧
	その他	Other income	12	⑨
V	営業外費用	Non-operating expenses		
	支払利息	Interest expenses	253	⑤
	社債利息	Interest on bond	72	⑤
	株式交付費償却	Amortization on stock issuance cos	43	⑨
	社債発行費償却	Amortization on bond issuance cos	28	⑨
	その他	Other expenses	32	⑨
	経常利益	Ordinary income	2,162	
VI	特別利益	Special income		
	固定資産売却益	Gain on sales of property	365	⑦
	投資有価証券売却益	Gain on sales of investment securi	37	⑥
VII	特別損失	Special losses		
	固定資産除却損	Losses on property disposed	336	⑦
	棚卸資産廃棄損	Inventory loss from disposal	228	②
	税引前当期純利益	Net income before income taxes	2,000	
	法人税・住民税及び事業税	Provision for income taxes	800	⑩
	当期純利益	Net income	1,200	

その他情報

　　販売費及び一般管理費の明細は省略している。

＜組替え後の英文財務諸表＞

ACB Corporation
Statement of Income
For the year ended March 31, 20XX

（単位 百万円）

①	Net sales	11,254
②	Cost of sales	8,183
	Gross profit	3,071
③	Selling, general and administrative expenses	914
	Operating income	2,157
	Other income (expenses)	
④	Interest and dividend income	71
⑤	Interest expenses	(325)
⑥	Gain on sales of investment securities	37
⑦	Gain on sales of property, net	29
⑧	Equity income from investment	75
⑨	Other income (expenses)	(44)
	Income before income taxes	2,000
⑩	Provision for income taxes	800
	Net income	1,200

Amount per share of common stock	
Net income	XXX
Cash dividends	XXX

剰余金計算書

（単位 百万円）

その他の剰余金期首残高	Retained earnings at beginning	800
その他の剰余金減少高	Appropriations	
配当金	Dividends declared	(400)
当期純利益	Net income	1,200
その他の剰余金期末残高	Retained earnings at end	1600

＜損益計算書の説明＞

(1)　②売上原価（cost of sold）には、特別損失項目の棚卸資産廃棄損も含めて表示している。米国では、売上原価の範囲は広く、ほとんどの棚卸資産に関する原価は、いずれも原価性のあるものとして売上原価に算入される。

(2)　損益計算書の末尾には、1株当たり情報として1株当たり利益（net income per share）及び1株当たり配当金（dividend per share）が開示される。

⑵　米国会計基準による英文財務諸表の作成

　これまでは、日本の会計原則に基づいて作成された財務諸表を米国式財務諸表に組替える過程を示した。この組替え作業は、単なる米国式への様式の翻訳であり、米国会計基準（U.S.GAAP）への修正過程を含んでいない。

　本来の英文財務諸表は、米国の会計基準に準拠して作成された財務諸表を指す。

　ここでは、⑴の具体例で作成した、組替え後の英文財務諸表を、米国会計基準による個別論点を修正した上で、米国基準による英文財務諸表を作成することを検討する。

　具体的には、下記の項目を個別論点として取り上げている。
⑴　貸倒引当金
⑵　棚卸資産
⑶　適格退職年金制度
⑷　株式交付費
⑸　有給休暇引当金の計上
⑹　税効果会計の適用

　なお、当該日本基準から米国基準への修正にあたり考慮すべき各会計基準は、平成27年10月1日時点で有効な基準を適用するものとする。また、早期適用はしないものとする。

　更に、上記の修正項目を反映した米国基準に基づく英文財務諸表を作成し、当該財務諸表をドル建てに換算を行い、ドル建て表示の財務諸表を作成し、完全な英文財務諸表を作成するものとする。

\<組替え後財務諸表\>
資産の部（Assets）

ACB Corporation
Balance Sheet
March 31, 20XX

（単位 百万円）

Assets

Current assets	
Cash and ach equivalent	1,170
Short-term investments	150
Trade accounts and notes receivable	2,690
less allowance for doubtful accounts	
Affiliated Companies	900
Finished goods and merchandise	890
Work in progress	120
Other current assets	580
Total current assets	6,500
Property plant and equipment, at cost	
Land	3,000
Buildings	2,900
Machinery and equipment	1,110
Less accumulated depreciation	△ 2,710
	4,300
Other assets	
Investment securities	550
Investment in and advances to affiliates	365
Other	285
Total assets	12,000

第 10 章　英文財務諸表の作成実務　*237*

負債及び資本の部 (Liabilities and shareholder's equity)

ACB Corporation
Balance Sheet
March 31, 20XX

(単位 百万円)

Liabilities and Shareholder's Equity

Current liabilities	
Short-term loans payable	350
Current portion of long-term debt	500
Trade accounts and notes payable	2,070
Accrued expenses	101
Accrued income taxes	300
Other current liabilities	179
Total current liabilities	3,500
Non-current liabilities	
Loan payable from Bank	1,000
Straight bonds	945
Loans due to affiliates	300
Lease obligation	445
Estimated retirement allowances	510
Total liabilities	6,700
Shareholder's equity	
Common stock, $100 per value per share	2,500
100,000,000 shares authorized,	
25,000,000 shares issued and outstanding	
Additional paid-in capital	500
Legal reserve	700
Retained earnings	1,600
Total shareholder's equity	5,300
Total liabilities and shareholder's equity	12,000

238

損益計算書 (Statement of Income)

ACB Corporation
Statement of Income
For the year ended March 31, 20XX

（単位 百万円）

Net sales	11,254
Cost of sales	8,183
Gross profit	3,071
Selling, general and administrative expenses	914
Operating income	2,157
Other income (expenses)	
Interest and dividend income	71
Interest expenses	(325)
Gain on sales of investment securities	37
Gain on sales of property, net	29
Equity income from investment	75
Other income (expenses)	(44)
Income before income taxes	2,000
Provision for income taxes	800
Net income	1,200

剰余金計算書

Retained Earnings

（単位 百万円）

Retained earnings at beginning	800
Appropriations	
Dividends declared	(400)
Net income	1,200
Retained earnings at end	1600

＜設定条件＞

以下は個別修正仕訳の情報である。なお、単位は記載箇所を除きすべて百万円とする。

(1) 貸倒引当金

A社は、税務上の繰入率により貸倒引当金を設定している。実質基準により貸倒引当金を設定した場合の前期末及び当期末の情報は以下のとおりである。

	前期末	当期末
貸倒引当金必要額 (実質基準)	100	120
貸倒引当金計上額 (税額基準)	50	60
不足額	50	60

(2) 棚卸資産

A社は、棚卸資産に対して低価法を適用しており、棚卸資産のうち下記の製品の時価が下落している。なお、前期末の時価は簿価を上回っていた。

帳簿上は、低価法の適用に当たり、正味実現可能価額を用いて評価損を計上している。

製品	原価	時価			
		再調達原価	正味実現可能価額	正味実現可能価額 － 正常利益	
O	90	80	100	75	
P	200	140	165	120	
Q	30	25	20	18	

⑶　**適格退職年金制度**

　A 社は、適格退職年金制度を採用している。制度資産の積立状況は
以下のとおりである。

	金額
予測給付債務 (PBO)	1,325
累積給付債務 (ABO)	738
制度資産の公正価値	695
未認識過去勤務債務	67
未認識数理計算上の差異	53
退職給付引当金計上額	510

　A 社は帳簿上、未認識過去勤務債務にかかる償却費 $8、及び未認
識数理計算上の差異にかかる償却費 $5 を計上している。

⑷　**株式交付費**

　帳簿上、新株発行にかかった株式交付費は繰延資産として 3 年間に
わたって費用処理している。

⑸　**有給休暇引当金の計上**

　A 社では、従業員に有給休暇を付与している。前期末、当期末の従
業員の有給休暇日数残高、1 日当たりの平均給与額、及び年間有給休
暇消化率は以下のとおりとなる。

	前期	当期
有給休暇日数残高	2,500	3,000
1 日当たりの平均給与額	18,000	20,000
年間有給休暇消化率	60%	65%

　A 社は帳簿上、有給休暇引当金を計上していない。

第 10 章　英文財務諸表の作成実務　*241*

⑹　税効果会計の適用

　米国基準への修正仕訳に対して税効果会計を適用する。

　実効税率は 40％を使用するものとし、前期以前より変更はないものとする。

　また、繰延税金資産（負債）の評価性に問題はないものとする。

　以上 6 項目について、A 社が日本基準から米国基準へ修正すべき項目となる。

⑺　**財務諸表の換算**

　A 社は、米国企業の日本における子会社である。従って、A 社は日本円で財務諸表を作成しているが、これを米国親会社の連結目的のため、ドル建て表示の財務諸表に換算する必要がある。

　為替レートに関する情報は以下のとおりである。

前期末為替レート	￥114 / $
期中平均為替レート	115 / $
当期末為替レート	120 / $
資本金・資本剰余金、利益準備金換算レート	105 / $
利益処分時為替レート	118 / $
その他の剰余金期首残高換算レート	110 / $

　P 社は、円が機能通貨として認められている。

　換算後のドルは、千ドル単位で表示するものとし、計算過程で生じた端数については、四社五入するものとする。

＜修正仕訳＞

⑴ **貸倒引当金**

貸倒引当不足額にかかる修正仕訳

```
Dr.  Selling, general and
          Administrative expenses      10 (*1)
     Retained earnings – Beginning Balance (BB)   50 (*2)
     Cr.  Allowance for doubtful accounts   60 (*3)
```

(*1) 引当不足額 60 －前期末不足額 50 ＝ 10

(*2) 前期末不足額 50

(*3) 当期末不足額 60

　米国基準では、貸倒引当金は実質基準により計上することが要求されている。従って、不足額がある場合は追加で修正しなければならない。

　具体例では、前期末に引当金不足額が 50 あり、当期末の引当金不足額が 60 ある。前期末に米国基準による修正仕訳が適切に行われていたと仮定すると、以下の修正仕訳が計上されていたはずである。

（前期末修正仕訳）

```
Dr.  Selling, general and
          administrative expenses      50
     Cr.   Allowance for doubtful accounts      50
```

　上記より、前期末において、帳簿上前期末その他利益剰余金が 50 過大に計上されていたことになる。当期末は洗い替え方式により、当期末不足額から前期末不足額を控除した 10 が洗い替えによる追加修正仕訳となる。

　従って、当期においては、上記のような追加修正仕訳が計上される。

第 10 章　英文財務諸表の作成実務　*243*

⑵ 棚卸資産

低価法の適用に伴う修正仕訳

```
Dr.  Cost of sold        35 (*4)
        Cr.  Inventories        35
```

(*4) 計上すべき評価損 80 −帳簿上 45 = 35

製品	原価	時価			
		再調達原価	正味実現可能価額	正味実現可能価額 −	正常利益
O	90	80	100		75
P	200	140	165		120
Q	30	25	20		18

　帳簿上は、正味実現可能価額により低価法を行っている。製品 O からQのうちＱのうち、原価と正味実現可能価額を比較して時価（正味実現可能価額）が低下している製品は、Ｐ及びＱである。従って、帳簿上は以下のとおり棚卸資産評価損が計上されていた。

製品Ｐ：原価 200 −時価 165＝35　⎱
製品Ｑ：原価　30 −時価　20＝10　⎰　45

　米国基準上、低価法が棚卸資産の評価原則である。低価法を適用する場合の時価は、再調達原価、正味実現可能価額及び正味実現可能価額から正常利益を控除した額のうち中間の値となる価額とされている。

　上記の表より、中間にくる値は、製品 O が再調達原価 80、製品Ｐが再調達原価 140、製品Ｑが正味実現可能価額 20 となる。従って、以下の評価損が計上されるべきである。

製品O：原価　90 −時価　80 = 10　⎫
製品Ｐ：原価 200 −時価 140 = 60　⎬　80
製品Ｑ：原価　30 −時価　20 = 10　⎭

従って、追加計上すべき評価損は、80 − 45 = 35 である。

⑶ **適格退職年金制度**

未認識債務の計上

> Dr. Other Comprehensive income　　　　72 (*5)
> 　　 Deferred income taxes – non-current　48 (*6)
> 　　Cr. Estimated retirement allowances　120 (*7)

(*5) 退職給付債務 120 (*7) × (1 −実効税率 40%) = 72

(*6) 退職給付債務 120 (*7) ×実効税率 40% = 48

(*7) 未認識過去勤務債務＄67 ＋未認識数理計算上の差異 53
　　= 120

　日本基準では、個別財務諸表では、退職給付引当金にかかる未認識過去勤務債務、及び未認識数理計算上の差異の残高は、その他の包括利益で認識されない（連結財務諸表では、これらの差額をその他の包括利益として認識しなければならない）。

　米国基準では、予測給付債務（PBO）と年金資産の公正価値の差額を資産又は負債として認識しなければならない。すなわち、退職給付引当金にかかる未認識過去勤務債務、及び未認識数理計算上の差異の残高はその他の包括利益で認識しなければならない。

　従って、税効果会計適用後の修正仕訳は上記のようになる。

⑷ **株式交付費**

資本剰余金より控除

> Dr. Additional paid-in capital　　　43
> 　　Cr.　 Stock issuance cost　　　　　43

　帳簿上、株式交付費（stock issuance cost）は繰延税金として資産計上されている。一方、米国基準では、株式交付費は資本の控除項目とされている。

　なお、日本基準では、株式交付費は原則として支出時の費用処理で

第 10 章　英文財務諸表の作成実務　*245*

あるが、繰延資産に計上し、3年以内のその効果の及ぶ期間にわたって、定額法により償却することができる。

(5) 有給休暇引当金の計上

```
Dr.  Retained earnings - BB          27 (*8)
     Selling, general and
     administrative expenses          12 (差額)
     Cr.  Allowance for paid leave         39 (*9)
```

(*8) 前期末有給休暇日数残高 2,500 × 1日当たりの平均給与額
18,000 ×年間有給休暇消化率 60%＝ 27 百万円
(*9) 当期末有給休暇日数残高 3,000 × 1日当たりの平均給与額
20,000 ×年間有給休暇消化率 65%＝ 39 百万円

日本においては、有給休暇残高について従業員に金銭で支払うことはないため、有給休暇引当金を計上することは会計慣行上行われていない。しかし、従業員が有給休暇を使用する場合、労働対価、すなわち役務の提供がないにもかかわらず、従業員に対する給与の支払いが発生している。従って、役務提供と支出のタイミングがズレることになるため、米国基準では、適正な期間損益の観点から、有給休暇引当金の見積額を期末日に計上する。

有給休暇引当金の見積額は、(有給休暇日数残高) ×(1日当りの平均給与額) ×(年間有給休暇消化率) で算定される。これにより、前期末の有給休暇引当金の見積額は、27 百万円、当期末は 39 百万円となる。
前期末に適正に有給休暇引当金を修正していたと仮定すれば、以下の仕訳が計上されていたはずである。

（前期末修正仕訳）

```
Dr.   Selling, general and
         administrative expenses      27
      Cr.   Allowance for paid leave         27
```

　上記より、前期末において、帳簿上前期末その他利益剰余金が27過大に計上されていたことになる。当期末は洗い替え方式により、当期末不足額から前期末不足額を控除した12が洗い替えによる追加修正仕訳となる。

　従って、当期においては、上記のような追加修正仕訳が計上される。

(6)　税効果会計の適用

```
Dr.   Deferred tax assets − current      54
      Cr.   Retained earnings – BB          31
            Deferred income taxes (PL)      23
```

　上記修正仕訳の税効果は以下のように算定される。

影響額　借方（貸方）

	その他の剰余金期首残高	損益計算書	貸借対照表
流動項目			
(1) 貸倒引当金不足額	50	10	(60)
(2) 棚卸資産評価損	-	35	(35)
(5) 有給休暇引当金	27	12	(39)
短期項目計	77	57	(134)
実効税率	40%	40%	40%
繰延税金資産（流動）	(31)	(23)	54

　上記の修正仕訳を新たに追加する必要があるため、それに伴い税引前利益が変動する。そのため、法人税等が変動し、税効果会計の適用

の必要性が生じる。修正仕訳のうち、(3)の退職給付引当金については、修正仕訳において税効果がすでに反映されている。また、(4)の株式交付費は利益に影響しないため税効果は考慮されない。

＜修正仕訳後英文財務諸表＞
修正仕訳計上後及びドル換算後の英文財務諸表は以下のとおりである。

ACB Corporation
Balance Sheet
March 31, 20XX

	（単位 百万円）	(Unit: K$)
Assets		
Current assets		
Cash and ach equivalent	1,170	9,750
Short-term investments	150	1,250
Trade accounts and notes receivable	2,630 ①	21,917
less allowance for doubtful accounts		
Affiliated Companies	900	7,500
Finished goods and merchandise	855	7,125
Work in progress	120	1,000
Deferred tax assets	54	450
Other current assets	580	4,833
Total current assets	6,459	53,825
Property plant and equipment, at cost		
Land	3,000	25,000
Buildings	2,900	24,167
Machinery and equipment	1,110	9,250
Less accumulated depreciation	△ 2,710	△ 22,583
	4,300	35,834
Other assets		
Investment securities	550	4,583
Investment in and advances to affiliates	365	3,042
Deferred tax assets	48	400
Other	242 ②	2,016
Total assets	11,964	99,700

① 貸倒引当金の修正金額60百万円を控除して表示している。

② 株式発行費（stock issuance cost）の修正金額43百万円をOther から控除している。

248

Assets及びLiabilitiesは全て当期末レート ￥120/＄で換算する。

ACB Corporation
Balance Sheet
March 31, 20XX

	（単位 百万円）	(Unit: K$)
Liabilities and Shareholder's Equity		
Current liabilities		
Short-term loans payable	350	2,917
Current portion of long-term debt	500	4,167
Trade accounts and notes payable	2,070	17,250
Accrued expenses	140 ③	1,167
Accrued income taxes	300	2,500
Other current liabilities	179	1,491
Total current liabilities	3,539	29,492
Non-current liabilities		
Loan payable from Bank	1,000	8,333
Straight bonds	945	7,875
Loans due to affiliates	300	2,500
Lease obligation	445	3,708
Estimated retirement allowances	630	5,250
Total liabilities	6,859	57,158
Shareholder's equity		
Common stock, $100 per value per share	2,500	23,810 (ⅰ)
100,000,000 shares authorized,		
25,000,000 shares issued and outstanding		
Additional paid-in capital	457	4,352 (ⅰ)
Legal reserve	700	6,667 (ⅰ)
Retained earnings	1,520	13,604 (ⅱ)
Accumulated other comprehensive income		
Pension liability adjustment	(72) ④	(600) (ⅲ)
Cumulative translation adjustment	- ④	(5,291) (ⅳ)
Total shareholder's equity	5,105	42,542
Total liabilities and shareholder's equity	11,964	99,700

③ 有給休暇引当金の修正仕訳39百万円を含めて表示している。

④ Accumulated other comprehensive incomeは本来まとめて一括して表示するが、便宜上区分して表示している。

(ⅰ) 資本金・資本剰余金、利益準備金換算レート ￥105／＄

(ⅱ) Retained earnings勘定より

第10章 英文財務諸表の作成実務 *249*

(iii)　当期末為替レート　　　　　　　　　　　　　　　120 / $

(iv)　(ii)の残高を記載後、貸借差額により算定

ACB Corporation
Statement of Income
For the year ended March 31, 20XX

	（単位 百万円）	(Unit: K$)
Net sales	11,254	97,861
Cost of sales	8,218	71,461
Gross profit	3,036	26,400
Selling, general and administrative expenses	936	8,139
Operating income	2,100	18,261
Other income (expenses)		
Interest and dividend income	71	617
Interest expenses	(325)	(2,826)
Gain on sales of investment securities	37	322
Gain on sales of property, net	29	252
Equity income from investment	75	652
Other income (expenses)	(44)	(382)
Income before income taxes	1,943	16,896
Provision for income taxes	777 ⑤	6,757
Net income	1,166	10,139 (ⅴ)

⑤　修正仕訳にかかる税効果の修正金額を含んで表示している。なお、注記で内訳を開示する必要がある。

(ⅴ)　PL 項目は、全て期中平均レート ¥115 / $で換算する。

　従って、Net income は¥115 / $で換算した結果と等しくなる。下記の Retained earnings の Net income に転記する。

Retained Earnings

	（単位 百万円）	Unit: K$
Retained earnings at beginning	754	6,855 (ⅵ)
Appropriations		
Dividends declared	(400)	(3,390) (ⅶ)
Net income	1,166	10,139 (ⅴ)
Retained earnings at end	1520	13,604 (ⅱ)

(ⅵ)　その他の剰余金期首残高換算レート　　　　　110 / $

(ⅶ)　利益処分時為替レート　　　　　　　　　　　118 / $

＜ドル建て財務諸表について＞

　円貨が機能通貨である場合、以下のレートを使用して各項目を換算する。

　　　・資産・負債……………期末日レート

　　　・純資産

　　　　　・資本金・資本準備金・利益準備金……発生時レート

　　　　　・利益剰余金

　　　　　　　・その他の剰余金（期首）……発生時レート

　　　　　　　・利益処分項目…………………利益処分時レート

　　　　　・その他の包括利益累計額

　　　　　　　・為替換算調整勘定以外……発生時レート

　　　　　　　・為替換算調整勘定…………貸借差額

　　　・損益…………………期中平均レート

　以上、英文財務諸表の作成について具体例を用いて解説した。英文財務諸表を作成するためには、かなり複雑で難しいと考えられる。しかしながら、この機会にぜひこの英文財務諸表の作成方法をマスターして実務に役立てていただきたいと思う。

参考文献

プロアクティブ / グアム大学日本事務局（監修）階戸照雄　建宮努　「USCPA
　　集中講義　財務会計第４版」中央経済社　2011年
あずさ監査法人 / KPMG　「英文財務諸表の実務［第９版］　日米会計基準の比
　　較と作成方法」　中央経済社　2012年
プロアクティブ / グアム大学日本事務局（監修）建宮努　「ゼロからはじめる
　　英文会計入門」中央経済社　2006年
監査法人トーマツ　「よくわかる米国会計基準と英文財務諸表の実務ガイド」
　　税務研究会出版局　2008年
Becker　「Financial 2011 Edition」2011年
小島善輝　「ビジネス・ゼミナール　英文会計入門」日本経済新聞社　2005年
渋谷道夫　飯田信夫　「ビジネス・ゼミナール　英文決算書入門」　日本経済新
　　聞社　1996年
西山茂　「英文会計の基礎知識」　ジャパンタイムズ　2001年
桜井久勝　「財務会計講義」　中央経済社　2011年
國貞克則　「決算書がスラスラわかる　財務３表一体理解法」　朝日新聞出版
　　2007年

深堀雅展（ふかほり まさのぶ）

公認会計士・ワシントン州米国公認会計士

1975 年生まれ。金融機関、個人会計事務所を経て、監査法人トーマツにて上場会社、IPO 監査、IFRS アドバイザリーを経験。
その後、渡米し EOS Accountants LLP にて、主に日系企業の監査、レビュー、コンピレーション業務に従事。
現在、リソース・グローバル・プロフェッショナル・ジャパン（株）、コンサルタント。

はじめての英文会計　－英文財務諸表の作成－

2015年12月23日発行

　　　　　　　　　　　著　者　　深堀雅展
　　　　　　　　　　　発行所　　ブックウェイ
　　　　　　　　　　　　〒670-0933　姫路市平野町62
　　　　　　　　　　　　TEL.079 (222) 5372　FAX.079 (223) 3523
　　　　　　　　　　　　http://bookway.jp
　　　　　　　　　　　印刷所　　小野高速印刷株式会社
　　　　　　　　　　　©Masanobu Fukahori 2015, Printed in Japan
　　　　　　　　　　　ISBN978-4-86584-087-2

乱丁本・落丁本は送料小社負担でお取り換えいたします。

本書のコピー、スキャン、デジタル化等の無断複製は著作権法上での例外を除き禁じられています。本書を代行業者等の第三者に依頼してスキャンやデジタル化することは、たとえ個人や家庭内の利用でも一切認められておりません。